Alexander Deeg
Daniel Meier

Praktische Theologie

unter Mitarbeit von Jürgen Belz

Gütersloher Verlagshaus

Bibliografische Information der Deutschen Nationalbibliothek

Die Deutsche Nationalbibliothek verzeichnet diese Publikation in der Deutschen Nationalbibliografie; detaillierte bibliografische Daten sind im Internet über http://dnb.d-nb.de abrufbar.

Mix
Produktgruppe aus vorbildlich
bewirtschafteten Wäldern, kontrollierten
Herkünften und Recyclingholz oder -fasern
www.fsc.org   Zert.-Nr. SGS-COC-004278
© 1996 Forest Stewardship Council

Verlagsgruppe Random House FSC-DEU-0100
Das für dieses Buch verwendete FSC-zertifizierte Papier *Munken Premium* liefert Artic Paper Munkedals AB, Schweden.

© für diese Ausgabe: Gütersloher Verlagshaus

Konzeption und Realisierung:
© 2009 Palmedia Publishing Services GmbH, Berlin

Dieses Werk einschließlich aller seiner Teile ist urheberrechtlich geschützt. Jede Verwertung außerhalb der engen Grenzen des Urheberrechts ist ohne Zustimmung von Palmedia unzulässig und strafbar. Das gilt insbesondere für Vervielfältigungen, Übersetzungen, Mikroverfilmungen und die Einspeicherung und Verarbeitung in elektronischen Systemen.

Umschlaggestaltung: Init GmbH, Bielefeld
Druck und Bindung: Těšínská Tiskárna, a.s., Český Těšín
Printed in Czech Republic
ISBN: 978-3-579-08085-7

www.gtvh.de

Inhalt

Vorwort 7

1. **Zugänge zur Praktischen Theologie** 9
   1.1 Praktische Theologie: was sie ist und wie sie arbeitet 9
   1.2 Fallbeispiel Gottesdienst:
       Neue Formen und alte Traditionen 12
   1.3 Fallbeispiel Film: Religiöse Expedition ins Kino 16
   1.4 Zusammenfassung 19

2. **Kirchliche Handlungsfelder in der Reflexion der Praktischen Theologie** 23
   2.1 Einführung 23
   2.2 Liturgik 24
   2.3 Homiletik 29
   2.4 Poimenik 35
   2.5 Religionspädagogik 40
   2.6 Kybernetik 46
   2.7 Diakonik 53
   2.8 Publizistik 58
   2.9 Zusammenfassung 64

3. **Zentrale Themen in praktisch-theologischer Reflexion** 69
   3.1 Einführung 69
   3.2 Religion 70
   3.3 Kirche 84
   3.4 Kultur 96

3.5 Massenmedien   110
3.6 Sprache   125

4.   Praktische Theologie als Wissenschaft   139
   4.1 Praktische Theologie als Übung vernetzten Denkens   139
   4.2 Praktische Theologie als Wissenschaft im Kontext anderer Wissenschaften   141
   4.3 Der Ort der Praktischen Theologie im Hause der Theologischen Fakultät   142

5.   Arbeits- und Hilfsmittel zur Praktischen Theologie   147

Vorwort

Praktische Theologie vermag viele Studenten zu faszinieren. Schließlich beschäftigt sie sich mit Phänomenen, denen Menschen immer wieder begegnen: mit Glaube und Zweifel, mit der Bibel und (anderer) Literatur, mit religiöser Kunst und der Kultur der Massenmedien. Deren Wahrnehmung verbindet sie mit theologischem Nachdenken. Ohne exegetische und dogmatische Kenntnisse, kirchengeschichtliche Einsichten, religions- und kulturwissenschaftliche Horizonte lässt sich Praktische Theologie dabei nicht betreiben. Verwundert es da, dass bereits der Vater der modernen Praktischen Theologie, Friedrich Daniel Ernst Schleiermacher, die Praktische Theologie mit dem Bild der „Krone" eines starken, verästelten theologischen Baumes bezeichnet hat?

Wie soll man diese „Krone" als ein komplexes und weitverzweigtes Fach in einer Reihe darstellen, die sich „Module der Theologie" nennt und bewusst für die ersten Studiensemester konzipiert ist? Das Buch verbindet grundlegende Informationen mit Anregungen zum Weiterdenken und Weiterfragen. Es soll vor allem *Orientierung* bieten, auf die sich weiteres Fragen und Forschen aufbauen kann. Im Bild gesprochen ist die Praktische Theologie so etwas wie ein beeindruckendes Gebäude, in dem es viel zu entdecken gibt: einzelne Zimmer, schöne Treppenaufgänge, prunkvolle Säle und verstaubte Dachbodenwinkel. Wenn Sie sich in diesem Buch zu bewegen lernen, die Querverbindungen zwischen den Kapiteln nutzen, die wir jeweils bezeichnet haben, und die einzelnen Texte durcharbeiten, dann finden Sie sich in dem Gebäude selbst zurecht und können bald eigene Wege gehen. Jedes (Unter-)Kapitel ist dabei für sich lesbar; nähere Informationen zur Struktur des Buches und den damit verbundenen praktisch-theologischen Zugängen finden Sie auf den nächsten Seiten.

Die Inhalte der Kapitel verantworten wir gemeinsam. Die Kapitel 1, 2.1, 2.7, 2.8, 3.3, 3.4 und 3.5 hat Daniel Meier verfasst, die Kapitel

2.2, 2.3, 2.9, 3.1, 3.2, 3.6 und 4 stammen von Alexander Deeg. Unser Mitautor Jürgen Belz hat dankenswerterweise die Texte zu den Handlungsfeldern Poimenik (2.4), Religionspädagogik (2.5) und Kybernetik (2.6) verfasst. Das Buch soll – so die Vorgabe des Verlags – einen *knappen* Einblick bieten und verzichtet deshalb auf Fußnoten. Nur bei längeren, wichtigen Zitaten wird die Quelle des für Anfänger lesenswerten Textes im Literaturverzeichnis am Schluss des Buches genannt. Dort empfehlen wir Ihnen darüber hinaus einige grundlegende Werke zur vertiefenden Lektüre und charakterisieren diese knapp. Um der Lesbarkeit willen wird schließlich nur von Pfarrern, Lehrern, Diakonen etc. gesprochen, womit jeweils Frauen und Männer gemeint sind.

Unser besonderer Dank geht an Herrn Dr. Dirk Palm, der das Buch angeregt und mit seiner Palmedia Publishing Services GmbH mit außergewöhnlichem Engagement betreut hat, sowie an das Gütersloher Verlagshaus für die Kooperation.

Erlangen, im Juni 2009

Alexander Deeg
Daniel Meier

1. Zugänge zur Praktischen Theologie

1.1 Praktische Theologie: was sie ist und wie sie arbeitet

Was ist Praktische Theologie? Eine einfache Antwort auf diese Frage könnte lauten: Praktische Theologie, das ist Theologie für die Praxis. Diese Praxis wird in der Regel mit der kirchlichen Praxis in ihren vielfältigen Ausprägungen gleichgesetzt. Praktische Theologie beschäftigt sich dann mit dem Gottesdienst, der Seelsorge oder dem Konfirmanden- und Religionsunterricht als einigen klassischen Handlungsfeldern der Kirche. Doch Praktische Theologie hat nicht nur mit der Kirche zu tun. Sie fragt – seit einigen Jahren zunehmend – auch nach Religion im Allgemeinen. Sie untersucht, wie Menschen individuell oder gemeinschaftlich religiös leben und wie sie religiöse Phänomene wahrnehmen, innerhalb und außerhalb der Institution Kirche. Praktische Theologie arbeitet somit in einem Spannungsfeld zwischen der Reflexion kirchlich verantworteten Handelns einerseits und religiöser Praxis andererseits.

Praktische Theologie zwischen Kirche und Religion

Wem dient Praktische Theologie? Für viele Theologen und Kirchenvertreter war diese Frage lange Zeit eindeutig zu beantworten: Die Praktische Theologie dient der Kirche und ihren Mitarbeitern, allen voran den Pfarrern und Religionslehrern, um ihre Aufgaben einzuüben, zu reflektieren und im Idealfall verbessern zu können. Als Reflexion gelebter Religion richtet sich die Praktische Theologie heute vermehrt auch an religiöse bzw. religiös suchende Menschen, die Anregungen und Interpretationshilfen für den Umgang mit Religion auch außerhalb der kirchlichen Handlungsfelder suchen, zum Beispiel bei der Wahrnehmung religiöser Spuren im Film oder auf dem Buchmarkt.

Praktische Theologie für kirchliche Mitarbeiter und religiös Interessierte

Wie treibt man Praktische Theologie? Die zwei zentralen Möglichkeiten haben Sie nun bereits kennengelernt: Die Be-

kirchliche Handlungsfelder und zentrale Themen der Praktischen Theologie	schäftigung kann sich entweder an den kirchlichen Handlungsfeldern ausrichten. Dies wäre der klassische sektorale Zugang, bei dem nacheinander einzelne Disziplinen wie Predigtlehre oder Seelsorgelehre betrachtet werden, um dadurch das Ganze des kirchlichen Handelns zu reflektieren. Sie kann sich aber auch thematisch an den vielfältigen kulturellen und religiösen Phänomenen der Gesellschaft orientieren und diese in praktisch-theologischer Perspektive reflektieren. Dieses Buch versucht eine Verbindung beider Möglichkeiten. Dabei ist es Ihnen überlassen, wo Sie einsteigen und wie Sie weiterlesen. Die beiden Hauptkapitel zu den kirchlichen *Handlungsfeldern* (siehe 2.) und grundlegenden *Themen* der Praktischen Theologie (siehe 3.) bauen nicht streng aufeinander auf. Querverweise zwischen den beiden Hauptteilen sollen Ihnen die Vernetzung von kirchlichen Handlungsfeldern und (weiteren) grundlegenden Themenfeldern der Praktischen Theologie erleichtern.
biblischer, historischer, empirischer und ästhetischer Zugang	Die Praktische Theologie bedient sich in ihrer Reflexion unterschiedlicher Zugänge. So lässt sich bei jeder Problemlage nach der *biblischen Perspektive* zum Thema fragen und erheben, welche Impulse und Anregungen oder auch Normen und Grundsätze sich aus der Bibel für die Gegenwart erheben lassen. Dabei muss immer die Frage bedacht werden, wie die Bibel gegenwärtig zu verstehen ist und in welcher Hinsicht biblische Aussagen als relevant bzw. normativ eingestuft werden. Es geht folglich um Hermeneutik (= Lehre vom Verstehen), weswegen wir von einer *biblisch-hermeneutischen Perspektive* sprechen. Auch aus *historischer Perspektive* ist eine Annäherung an ein praktisch-theologisches Thema möglich. Die Frage lautet dann: Wie haben sich die kirchlichen Handlungsfelder und die kulturell-religiösen Fragestellungen historisch entwickelt und wie haben Vertreter der Praktischen Theologie in der Vergangenheit argumentiert? Eine weitere Möglichkeit hat sich durch den Siegeszug der Sozial- und Humanwissenschaften seit der zweiten Hälfte des 20. Jahrhunderts ergeben, der für die Praktische Theologie die so genannte „*empirische Wende*" brachte (siehe 2.9.1). So ist es heute dank sozialwissenschaftlicher Methoden repräsentativ möglich, die Bevölkerung nach ihren Erwartungen an die Kirche und ihren

religiösen Vorstellungen zu befragen. Der jüngste Zugang wird in der Praktischen Theologie mit dem Etikett *ästhetisch* behaftet. Eine ästhetische Praktische Theologie fragt vor allem nach dem Wechselspiel von Wahrnehmung und Gestaltung und nach dem In- und Miteinander von Form und Inhalt. Im Rahmen der übrigen theologischen Disziplinen knüpft der biblisch-hermeneutische Zugang an die Erkenntnisse der biblischen Wissenschaften (Altes und Neues Testament) an, der historische Zugang hingegen an die Forschungen der Kirchengeschichte. Auch die Systematische Theologie und die Ethik sind für die Arbeit der Praktischen Theologie unverzichtbar, ohne dass sie sich jedoch bestimmten Zugängen zuordnen lassen. Vielmehr bedienen sie sich selbst unterschiedlicher Zugänge, zum Beispiel biblischer, historischer oder empirischer Art.

Die genannten Zugänge haben sich in der Geschichte der Praktischen Theologie bisweilen deutlich voneinander abgegrenzt. Nicht selten geschah es, dass ältere Zugänge als dunkle Folie gezeichnet wurden, um das Spezifische eines neuen Ansatzes umso deutlicher aufzuzeigen. So stellte zum Beispiel der in den 1960er-Jahren neu entdeckte empirische Zugang die einseitige Bestimmung der Praxis durch die Bibel und die kirchlich-theologische Tradition in der Theologie der Nachkriegszeit in Frage, welche die Lebenswelt der Gemeinde nicht (genügend) berücksichtigte – eine Lebenswelt, wie sie anhand sozialwissenschaftlicher Methoden erschlossen werden kann und empirisch beschreibbar ist. Gegenwärtig gibt es Anzeichen, dass die Gräben zwischen den einzelnen Zugängen überbrückt werden können. Deshalb will auch dieses Buch die verschiedenen Zugänge nicht gegeneinander ausspielen, sondern versuchen, sie einander zu ergänzen. An die Stelle eines *Substitutionsmodells*, wonach ein Zugang den anderen vermeintlich ablösen kann, soll deshalb ein *Komplementärmodell* treten, wonach in der Praktischen Theologie ein Zugang den anderen notwendig ergänzt.

komplementär statt substitutiv

Zum besseren Verständnis der einzelnen Zugänge sollen im Folgenden zwei Beispiele aus dem spezifisch kirchlichen Bereich einerseits und dem allgemein religiösen Kontext andererseits gewählt werden. An ihnen soll – auf knappem Raum und keines-

Orientierung statt Normierung

wegs vollständig – gezeigt werden, wie Praktische Theologie in ihren unterschiedlichen Zugängen arbeiten kann. Wir wollen Sie dadurch Anteil nehmen lassen an einer Praktischen Theologie im Vollzug und bereits zu Beginn in ein Wechselspiel zwischen konkreten Phänomenen und praktisch-theologischer Reflexion treten, wie es uns für dieses Buch ein zentrales Anliegen ist. Bei den subjektiv gewählten Fallbeispielen handelt es sich bewusst um real erlebte *Konflikt*situationen, in denen Entscheidungen anstehen. Die Praktische Theologie selbst kann solche Entscheidungen nicht treffen und das Handeln dadurch normieren. Ihre Aufgabe besteht zu einem guten Teil darin, genau hinzusehen, zu beschreiben, was geschieht, dieses Geschehen einzuordnen und zu verstehen. Dadurch erfüllt sie ihre Aufgabe der Orientierung, ohne gleichzeitig konkretes Handeln festzulegen.

1.2 Fallbeispiel Gottesdienst: Neue Formen und alte Traditionen

traditioneller oder alternativer Gottesdienst

Situationsbeschreibung: Die Debatte erregte die Kirchengemeinde der kleinen mittelfränkischen Stadt: Der neue Pfarrer in der Gemeinde wollte anstelle des traditionellen Gottesdienstes am Sonntagmorgen einmal im Monat einen alternativen Gottesdienst am späten Nachmittag anbieten. Die Besucher sollten dabei die Möglichkeit haben, Gebetsanliegen auf einen Zettel zu schreiben, an einen „Lebensbaum" neben den Altar zu heften und, falls gewünscht, laut zu verlesen. Mitarbeiter des Vorbereitungsteams sollten lyrische Texte mit biblischen Spuren und Zeugnisse nichtchristlicher religiöser Schriften lesen und eine Band ehemaliger Konfirmanden den Gesang moderner geistlicher Lieder begleiten. Der Kirchenvorstand als Leitungsgremium der Gemeinde zeigte sich gespalten: Während vor allem jüngere Mitglieder dem Projekt wohlwollend gegenüberstanden und die Hoffnung äußerten, dadurch kirchlich-distanzierte Menschen zu erreichen, reagierten manche ältere Kirchenvorsteher ablehnend: Für sie stand der gewohnte Sonntagsgottesdienst nicht zur Disposition. Wenn überhaupt, dann dürfte es sich bei dem vorgeschlagenen Gottesdienst nur um ein zusätzliches Angebot handeln. – Welche Aspekte können aus biblischer, aus historischer, aus empirischer und aus ästhetischer Perspektive angeführt werden, um eine Entscheidungshilfe zur Verfügung zu stellen?

Ein biblisch-hermeneutischer Zugang: Das Spektrum der biblischen Aussagen zum Gottesdienst der frühen Christen ist groß. Es reicht von einer idealisierenden Beschreibung der „einmütigen" gottesdienstlichen Gemeinschaft (Apg 2, 42–47) bis zu konkreten Empfehlungen, zu denen auch solch provokative Warnungen gehören wie die, dass die Frauen in der Gemeinde schweigen sollen (1Kor 14, 34). Dieses berühmt-berüchtigte Paulus-Wort zeigt besonders deutlich das Grundproblem des biblischen Zugangs: Die biblischen Maßstäbe für einen „rechten" Gottesdienst sind in einer bestimmten historischen Situation entstanden und können nicht einfach unmittelbar in die Gegenwart übertragen werden. Es bedarf einer sensiblen Hermeneutik, welche die biblischen Aussagen und die gegenwärtigen Fragestellungen miteinander vermittelt. Grundsätzlich ist es angesichts der Pluralität der biblischen Texte problematisch, auf der Basis einer einzelnen Bibelstelle die eigene, erwünschte Gottesdienstpraxis legitimieren zu wollen. Andererseits kann die biblische Vergewisserung ein hilfreiches Korrektiv zu einer gottesdienstlichen Praxis sein, die ausschließlich die Erwartungen der Gemeinde bedienen möchte. Für das skizzierte, aktuelle Problem könnte ein ebenfalls von Paulus formulierter Grundsatz relevant sein, der lautet: „Darum lasset uns nicht mehr einer den anderen richten; sondern richtet vielmehr darauf euren Sinn, dass niemand seinem Bruder einen Anstoß oder Ärgernis bereite" (Röm 14,13). Dürfte sich die Mahnung vor einem vorschnellen, richtenden Urteil über den geplanten (!) Gottesdienst eher an die Gegner richten, so müssten die Beteiligten des Projektes zumindest Verständnis für den Anstoß aufbringen, den die neuen, ungewohnten Formen hervorbringen könnten.

Ein historischer Zugang: Auch der „normale" Gottesdienst, zu dem der geplante neue Gottesdienst eine Alternative bieten möchte, ist das Ergebnis historischer Entwicklungen und ist weit entfernt von der mutmaßlichen Gottesdienstpraxis der Urchristen. Der evangelische Gottesdienst hat seine heutige Gestalt

sensibler Umgang mit biblischen Empfehlungen

Zielgruppen und Kirchenmusik

wesentlich in der Reformationszeit erhalten, wenngleich er vor allem in seiner lutherischen Form in deutlicher Kontinuität zur lateinischen Messe des Mittelalters steht. Dabei hat Martin Luther oftmals betont, dass eine äußere, feste Gottesdienstordnung zwar nicht unwichtig, aber gleichwohl doch nicht entscheidend sei. Vor allem müsse sich der Gottesdienst stets auch an denen orientieren, die ihn feiern. Dabei hatte der Reformator verschiedene Gottesdienstformen für unterschiedliche Zielgruppen im Blick: Zum Beispiel die lateinische Messe für die Sprachkundigen und die deutsche Messe für die „einfältigen Laien", aber auch für die, welche „noch nicht glauben oder nicht Christen sind". – Als evangelisches Markenzeichen hat sich in der Kirchengeschichte der Neuzeit neben der Predigt vor allem die Kirchenmusik entwickelt, deren Komponisten und Liederdichter sich häufig innovativ zeigten und teilweise ein gewisses Gegenüber zur offiziellen Theologie bildeten. Sprich: Die heute als traditionell empfundene Musik oder geistliche Lyrik konnte in ihrer Entstehungszeit durchaus als modern empfunden werden.

Erkenntnisse aus Psychologie, Soziologie und Marketing *Ein empirischer Zugang*: Für die Diskussion um den alternativen Gottesdienst ist zunächst die psychologische Erkenntnis relevant, dass Neuerungen häufig als Infragestellung der bisherigen Praxis und als persönlicher Angriff empfunden und entsprechend abgelehnt werden. Andererseits müssen sich die Planer einer neuen Gottesdienstform auch selbstkritisch fragen, ob nicht eigene (Jugend-)Sehnsüchte nach einem anderen Gottesdienst unbewusst eine Rolle spielen, die auf die angestrebten Besucher projiziert werden. Soziologische Studien verweisen auf eine geänderte Dramaturgie des Wochenendes, wobei das Ausschlafen am Sonntagmorgen schlicht eine zentrale Rolle spielt. Zudem suchen Menschen bewusst diejenigen Angebote, die ihnen den höchsten Erlebnisgewinn versprechen. Die ökonomische Marketing-Forschung könnte das geplante Projekt mit dem Hinweis darauf unterstützen, dass es eine Zielgruppe „für alle" nicht gibt und zielgruppenspezifische Angebote unerlässlich sind. Eine Reihe empirischer Studien beschäftigt sich schließlich konkret mit der Wahrnehmung des traditionellen Gottesdienstes einerseits und den Wünschen an einen guten Gottesdienst durch repräsentativ ausgewählte Kirchenmitglieder andererseits. Wichtig zur Einschätzung unseres Falles ist zunächst die Erkenntnis, dass ein Angebot, das von den Veranstaltern bewusst als niederschwellig eingestuft wird, beim potenziellen Gottesdienstbesucher eine höhere Schwellenangst erzeugen kann als der traditionelle Gottesdienst. Vermutlich liegt dies daran, dass der traditionelle Gottesdienst eher eine anonyme Teilnahme erlaubt und die angestrebte aktive Partizipation der Gemeinde an einem alternativen Gottesdienst gelegentlich als abschreckend empfunden wird – etwas auf einen Zettel schreiben, im Kirchenschiff umhergehen oder mit anderen sprechen müssen.

Ein ästhetischer Zugang: Im landläufigen Sinn bezeichnet man etwas als „ästhetisch", wenn es schön oder geschmackvoll ist. Ästhetik wird dann verstanden als die Lehre von den Grundlagen und Gesetzen des Schönen in Kunst und Natur. Das griechische Verb „aisthanesthai" bedeutet jedoch allgemeiner den Prozess des Wahrnehmens oder Empfindens, entsprechend ist die Anästhesie die Unempfindlichkeit gegen Schmerzen. Der ästhetische Zugang betont vor allem die Bedeutung dieser Wahrnehmung für die Praktische Theologie und verbindet sie mit der Aufgabe der Gestaltung. Für das geplante Gottesdienstprojekt unterstreicht ein ästhetischer Zugang, dass der Gottesdienst auch eine (künstlerische) Gestaltungsaufgabe bedeutet und dass er auch in seiner gewohnten Form im gewissen Maß stets neu inszeniert werden muss. Bei dem alternativen Gottesdienstprojekt stellt sich besonders die Herausforderung, die (neuen) Formen und die (neuen) Inhalte in ihrem Miteinander zu bedenken und nach der Stimmigkeit des Ganzen zu fragen. Zu bedenken ist dabei, dass gerade traditionelle Formen von vielen, überraschenderweise gerade auch kirchlich distanzierten Gottesdienstbesuchern durchaus geschätzt werden. – Ein neuer Zweig ästhetischer Fragestellung, die Rezeptionsästhetik, verweist darauf, dass jede Gestaltung von den einzelnen Besuchern unterschiedlich wahrgenommen („rezipiert") wird. Im Blick auf den Gottesdienst bedeutet dies: Der *eine* gefeierte Gottesdienst zerfällt in die *Vielfalt* der je unterschiedlich erlebten Gottesdienste. Damit gilt auch: Jede Gestaltung des Gottesdienstes wird von manchen als

Gottesdienst als Gestaltungsaufgabe

„schön", von anderen vielleicht als „abstoßend" erlebt werden. Manchen werden bestimmte Elemente eines neuen oder traditionellen Gottesdienstes gut tun, andere werden sie verärgern.

1.3 Fallbeispiel Film: Religiöse Expedition ins Kino

biblische Spuren in „Titanic"

Situationsbeschreibung: Die Mutter wollte ihren Ohren nicht trauen, als ihr Sohn gut gelaunt von der Konfirmandenstunde nach Hause kam und erzählte, dass der Unterricht in der kommenden Woche ausfallen würde. Stattdessen würde sich die Gruppe im Kino „Titanic" anschauen. Einige Tage später begründete die Pastorin ihren Plan mit einem Brief an die betroffenen Eltern. Sie verwies darauf, dass die Gruppe sich derzeit mit dem Thema Apokalyptik, der Lehre vom Weltende, befasse. Bei der Lektüre des zentralen biblischen Textes aus der Offenbarung des Johannes (Offb 21) sei ihr eine der letzten Szenen aus dem Film „Titanic" eingefallen. Zum besseren Verständnis schilderte die Pfarrerin die entsprechende Szene vom Ende des Films. Die Menschen fliehen zum Heck des Schiffes, darunter auch die beiden verliebten Hauptdarsteller Jack (Leonardo di Caprio) und Rose (Kate Winslet). Inmitten des Chaos steht ein Priester, betet das Ave Maria und zitiert danach aus der Offenbarung des Johannes: „Und ich sah einen neuen Himmel und eine neue Erde. Denn der erste Himmel und die erste Erde vergingen und das Meer ist nicht mehr. Und ich hörte eine große Stimme und sie sprach: Siehe da, die Hütte Gottes bei den Menschen." Jack und Rose liegen sich in den Armen. Der Priester zitiert weiter: „Und Gott wird abwischen von ihren Augen alle Tränen. Und der Tod wird nicht mehr sein, noch Leid, noch Geschrei wird mehr sein. Denn das Erste ist vergangen." Um zu zeigen, welche Wirkung der berühmte Text bis heute ausübt, habe sie, die Pfarrerin, sich entschlossen, den Film von James Cameron (1997) mit der ganzen Gruppe anzusehen, im Sinne einer „religiösen Expedition" ins Kino. – Welche Hilfe können die unterschiedlichen Zugänge der Praktischen Theologie bei dieser Entdeckungsfahrt leisten?

„Titanic" und die Apokalypse

Ein biblisch-hermeneutischer Zugang: Die Vision, die der Priester auf der Titanic inmitten des Katastrophenszenarios hinausschreit, findet sich im letzten Buch der Bibel, der Offenbarung des Johannes, mit dem griechischen Begriff für Offenbarung auch „Apokalypse" genannt. Die exegetische Rekonstruktion der Entstehungsgeschichte dieses Textes verweist auf eine Situation der Bedrängnis der ersten Christen. Ihnen wollte der Seher Johannes mit der Aussicht auf einen neuen Himmel und eine neue Erde Trost spenden – durchaus eine Parallele zur Funktion des Geistlichen auf dem sinkenden Schiff. Eine starke Wirkung hatte die Offenbarung des Johannes auf die Entstehung apokalyptischer Bewegungen, die das nahende Weltende erwarteten und proklamierten. Als Symbol für den Untergang der technisierten Zivilisation kann auch die „Titanic" im Kontext einer säkularisierten, d. h. rein weltlichen Apokalyptik interpretiert werden. Der Film zeigt, wie biblische Texte mit neuen Kontexten ins Wechselspiel geraten können. Es wird dabei deutlich, dass die Kirche keine Deutungshoheit über die biblischen Texte (mehr) besitzt. Freilich ist die Kraft der Liebe zwischen zwei Menschen die zentrale Botschaft des Films. Demgegenüber geht die biblische Vision aus Offb 21 über die Inszenierung der irdischen Liebe hinaus und bildet insofern einen kritischen Mehrwert gegenüber dem Film: Ein Aspekt, der im Nachgespräch mit den Konfirmanden diskutiert werden müsste.

Ein historischer Zugang: Auf die Entstehung apokalyptischer Bewegungen, auch als Folge von Texten wie der Offenbarung des Johannes, wurde eben bereits verwiesen. Dadurch verknüpft sich der biblisch-hermeneutische mit dem historischen Zugang. Die Wirkung des Textes im Film „Titanic" könnte Anstoß sein, sich in historischer Perspektive mit den unterschiedlichen Vorstellungen vom Weltende zu befassen. Beherrschte die Menschen bei dieser Vorstellung zu ihrer Zeit stärker das Erschrecken und die Angst vor dem Weltuntergang? Oder gab es vielleicht auch so etwas wie eine apokalyptische Faszination oder gar eine Untergangssehnsucht? Diese Frage ließe sich anhand der Analyse exemplarischer Predigten zur Vision der Johannes erörtern, die im Laufe der Kirchengeschichte gehalten wurden und dokumentiert sind. Es könnte auch im Konfirmandenunterricht kritisch

Weltuntergang zwischen Angst und Faszination

gefragt werden, wie sich die Faszination angesichts der Katastrophe und das Erschrecken im Film „Titanic" und bei seiner Rezeption zueinander verhalten.

Sozialisation durch Kirche und Kino

Ein empirischer Zugang: Vertreter der „empirischen Wende" in der Praktischen Theologie haben zu Recht gefordert, dass die Kirche mehr Rücksicht auf die Lebenswelt der Kinder und Jugendlichen nehmen solle. Für unser Fallbeispiel ist besonders die Frage relevant: In welchem Verhältnis stehen die religiöse und die filmische Sozialisation der Konfirmanden zueinander und wie schreibt sich ein Film wie „Titanic" in die Religions- und Medienbiographie seiner jugendlichen Rezipienten ein? Als Beispiel sei eine Episode aus einer Konfirmandenstunde erwähnt: Ein Pfarrer liest und diskutiert mit seinen Konfirmanden die Vision aus der Johannesoffenbarung. Die Konfirmanden sind aktiv dabei und beteiligen sich lebendig am Gespräch. Der Pfarrer freut sich und denkt, dass dieser biblische Text offensichtlich die Jugendlichen fasziniert. Da meldet sich am Ende der Stunde ein Mädchen und fragt schüchtern: „Der Text, den wir gelesen haben, ist das nicht derselbe Text, den der Pfarrer in Titanic liest, als das Schiff sinkt?" Die religiöse Sozialisation durch den Film ist in diesem Fall offensichtlich an die Stelle der religiösen Sozialisation durch die Kirche getreten. Die geschilderte Episode zeigt, dass sich die Vermittlung von Religion heute nicht nur im Kontext von Familie, Schule und Kirchengemeinde vollzieht, sondern oftmals und zunächst vor allem durch audiovisuelle Medien. Der US-amerikanische Schriftsteller John Updike hat einmal bekannt, das Kino habe mehr für sein spirituelles Leben getan als die Kirche.

Inszenierung der Katastrophe

Ein ästhetischer Zugang: Als ein wesentliches Ziel des ästhetischen Zugangs lässt sich die Wahrnehmung des „Wechselspiels von Gestaltungen der christlichen Gottesgeschichte mit Gestaltungen der Gegenwartskultur" benennen (Albrecht Grözinger). Zunehmend treten dabei heute auch Phänomene der Popularkultur in den ästhetisch orientierten Blick. Die Inszenierung des biblischen Textes aus Offb 21 im Film „Titanic" ist dabei interessant, wenngleich nicht besonders bewegend gestaltet. Auffallend ist die massive Ästhetisierung der Katastrophe: Durch die

Art der visuellen Inszenierung und die unterlegte Musik wirkt das Schreckliche zugleich als das Faszinierende. Kritisch könnte gefragt werden, inwiefern die Aufnahme der Bibelstelle als religiöses Beiwerk nur einer ästhetischen Verstärkung der Katastrophenstimmung dient. Eine wohlwollende Interpretation seitens der Praktischen Theologie könnte hingegen darauf verweisen, dass der Film – nicht nur unter den Konfirmanden – das produktive Verstehen eines biblischen Textes fördert. Kurz nach den Worten des Priesters geht die Kamera in die Totale und zeigt das sinkende Schiff unter dem klaren Sternenhimmel. Ohne den Regisseur religiös vereinnahmen zu wollen, fallen dem Praktischen Theologen doch zwei berühmte Definitionen von Religion ein, wenn er diese Szene sieht: Immanuel Kants Ehrfurcht vor dem „bestirnten Himmel über mir" und Friedrich Schleiermachers „Anschauung des Universums". Genug Stoff für die Diskussion in der Konfirmandenstunde bietet der Film also allemal.

1.4 Zusammenfasssung

Für die Arbeit der Praktischen Theologie im evangelischen Bereich existieren keine übergeordneten Vorschriften, etwa aus kirchenamtlichen Quellen. Die Praktische Theologie mit ihren unterschiedlichen Zugängen will vielmehr der Suche nach einer vertieften Wahrnehmung und nach verantwortbaren Entscheidungen im Einzelfall dienlich sein. Beim Abwägen zwischen dem traditionellen und dem erneuerten Gottesdienst oder bei der religiösen Spurensuche im Film geht es vorrangig um eine kritische Reflexion des kirchlichen Handelns wie des religiösen Phänomens. Bezieht sich die Diskussion um den alternativen Gottesdienst stärker auf eines der klassischen kirchlichen Handlungsfelder, so ist beim Fall der „Titanic" die thematische Perspektive der Massenmedien (siehe 3.5) und der Kultur (siehe 3.4) von größerer Bedeutung. Das Fallbeispiel „Titanic" zeigt zudem eindrücklich, dass Religion auch jenseits des kirchlichen Handelns in der Kultur eine gewichtige Rolle spielt. Dieser Herausforderung muss sich die Praktische Theologie zu Beginn des 21. Jahrhunderts in besonderer Weise stellen.

kritische Reflexion als Hilfe zu Wahrnehmung und Entscheidung

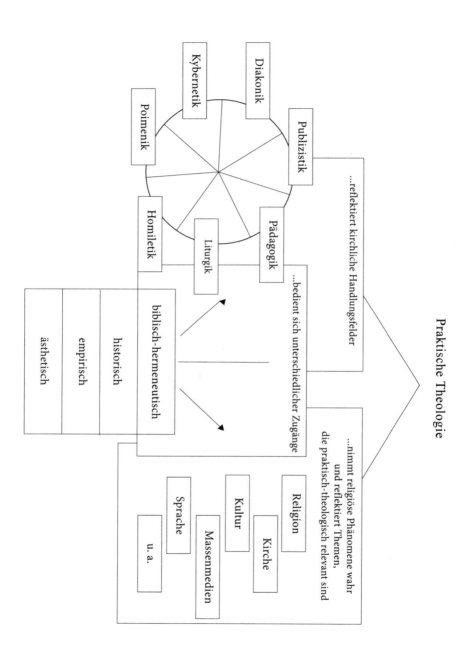

Fragen:

1. Stellen Sie sich vor, Sie wären als Pfarrer/in in dem Konflikt um den alternativen Gottesdienst verantwortlich. Überlegen Sie, wie Sie unter Abwägung der genannten (und weiterer) Aspekte entscheiden würden.

2. Sehen Sie sich im Internet ein Video zu dem Song „From a Distance" (Bette Midler) an. Nehmen Sie dieses Lied durch einen biblischen, historischen, empirischen und ästhetischen Zugang praktisch-theologisch wahr und interpretieren Sie es als Ausdruck gegenwärtiger Religiösität.

Fragen

2. Kirchliche Handlungsfelder in der Reflexion der Praktischen Theologie

2.1 Einführung

Als kirchliche Handlungsfelder und damit zugleich als klassische Reflexionsfelder der Praktischen Theologie werden in diesem Kapitel dargestellt: die Lehre vom Gottesdienst (Liturgik), von der Predigt (Homiletik), von der Seelsorge (Poimenik), vom Unterricht in Schule und Gemeinde (Religions- und Gemeindepädagogik), von der Gemeindeleitung (Kybernetik), vom helfenden Handeln (Diakonik) sowie das junge Handlungs- und Reflexionsfeld der Christlichen Publizistik. Diese Reihenfolge der Handlungsfelder sagt nichts über eine unterschiedliche Gewichtung aus. Die Liturgik ist nicht wichtiger als die Publizistik. Sie steht aber deshalb häufig am Anfang praktisch-theologischer Darstellungen, weil das gottesdienstliche Handeln als Ausgangspunkt und Mitte kirchlichen Handelns verstanden werden kann. Eine andere, nicht weniger plausible Anordnung könnte mit Dietrich Rössler eine Linie vom Individuum über die Gemeinde zur Gesellschaft ziehen. Sie würde dann wohl mit dem seelsorgerlichen Handeln einsetzen und über Homiletik, Liturgik und Kybernetik zu Pädagogik und Publizistik fortschreiten. Abhängig von der Konzeption der Diakonik könnte diese nahe beim Individuum, aber auch im Kontext der Gemeinde oder der Gesellschaft eingeordnet werden. – Die gleiche Gewichtung der Handlungsfelder bedeutet für Ihre Lektüre dieses Kapitels: Sie können innerhalb der folgenden Unterkapitel beliebig springen; kein Kapitel setzt ein anderes voraus. Am Ende zeigt ein zusammenfassender Abschnitt, dass grundlegende Fragen in vielen Handlungsfeldern in vergleichbarer Weise auftauchen und zu einer spezifischen Entwicklung der praktisch-theologischen Diskussion in den vergangenen 200 Jahren geführt haben.

Anordnung der Handlungsfelder

2.2 Liturgik

Liturgik – Lehre von den Gottesdiensten

Liturgik (von gr. *leitourgia* = Dienst) ist die *Lehre vom Gottesdienst* – oder: von *den* Gottesdiens*ten*. Denn weder in der Gegenwart noch jemals in der Geschichte der Kirche gab es *den* einen Gottesdienst. Zwischen katholischer Messe und evangelischem Sonntagmorgengottesdienst, zwischen Kinder- oder Jugendgottesdienst und Stundengebet in den Klöstern, zwischen Fernsehgottesdienst, Radioandacht und Gebet im Internet tut sich ein weites Feld auf. Daneben werden Gottesdienste in lebensgeschichtlich hervorgehobenen Situationen gefeiert, sog. Kasualien (von lat. *casus* = Fall): Taufen, Trauungen, Beerdigungen, Konfirmationen (siehe 3.2.6). Auf alle diese Phänomene blickt die Liturgik und befragt sie in drei Dimensionen:

1. Die *historische Dimension*: Wie entwickelte sich der Gottesdienst in der Geschichte?
2. Die *systematische Dimension*: Was eigentlich ist christlicher (bzw. lutherischer, reformierter oder katholischer) Gottesdienst?
3. Die *praktische Dimension*: Wie ist Gottesdienst zu gestalten, damit er seiner Aufgabe gegenwärtig gerecht wird?

1. Geschichte des Gottesdienstes

Anfänge des christlichen Gottesdienstes

Die Geschichte des Gottesdienstes ist so vielfältig, wie es die Geschichte der Kirche ist – entsprechend gibt es ihn in unterschiedlichen Spielarten (Liturgien). Diese Vielfalt begann mit den Treffen der Jünger in Jerusalem nach Jesu Tod und Auferstehung, die taten, was Jesus ihnen geboten hatte und gemeinsam Brot brachen und Wein tranken zu seinem Gedächtnis (vgl. Apg 2,42). Gleichzeitig war diese erste Jüngergemeinschaft selbstverständlich im Kontext des Judentums verankert, sodass christlicher Gottesdienst immer von seinen jüdischen Wurzeln her zu bedenken ist. Im zweiten Jahrhundert lässt sich eine Gottesdienstgestaltung greifen, die der bis heute üblichen Struktur entspricht: Der Gottesdienst besteht aus einem Wortteil mit Lesungen, Gebeten und einer Auslegung (Predigt), es schließt sich die Eucharistie (das „Abendmahl") an, zu der nur die Getauften Zugang haben. Bis zum 7. Jahrhundert bildete sich aus diesen Anfängen im Westen die Römische Messe; im Osten entstand eine Vielzahl von Liturgien in unterschiedlichen Liturgiesprachen.

Die Römische Messe entwickelte sich im Laufe des Mittelalters weiter, wobei die als Opfer verstandene Eucharistie gegenüber dem Wortteil immer mehr an Bedeutung gewann und gleichzeitig die Beteiligung der Gemeinde an der Messe unbedeutender wurde. Auf die Herausforderung der Reformation reagierte die römische Kirche, indem auf dem Konzil von Trient (1545–1563) eine überall einheitliche katholische Messe (als „Missa Tridentina" 1570 eingeführt) verbindlich erklärt wurde. Diese blieb bis zur Mitte des 20. Jahrhunderts für die katholische Kirche (mit geringen Anpassungen im Lauf der Zeit) gültig. Das Zweite Vatikanische Konzil (1962–1965) brachte wesentliche liturgische Neuerungen wie die konsequente Verwendung der Landessprache, die verstärkte Beteiligung der Gemeinde durch Gesänge und Gebete, die Intensivierung des Wortteils und die Etablierung einer regelmäßigen Homilie (schriftauslegenden Predigt). Äußerlich fällt in katholischen Kirchen seither die flächendeckende Einführung des sogenannten „Volksaltares" auf, an dem der Priester mit dem Gesicht zur Gemeinde zelebriert.

Römische Messe

Die Reformation setzte einen kritischen Impuls und wollte den Gottesdienst von Missbräuchen reinigen. Als solche erkannte sie vor allem die Opferdeutung des Abendmahls (das Abendmahl als ein Opfer, das die Kirche bringt und das vor Gott verdienstlich angerechnet werden kann), den Kelchentzug für die Laien beim Abendmahl und die Zurückdrängung des Wortes. Zunächst legte Luther 1523 nur eine überarbeitete lateinische Messe vor, 1526 folgte seine „Deutsche Messe" mit deutlicheren Veränderungen gegenüber der überkommenen Form. Inhaltlich war es für ihn entscheidend, den Gottesdienst als Dienst *Gottes* an den Menschen zu verstehen, seinen Bezug zum Alltag der Welt zu erkennen und das Wort in den Mittelpunkt zu stellen. Nichts anderes solle im Gottesdienst geschehen, so eine viel zitierte Formulierung Luthers aus dem Jahr 1544, „als dass unser lieber Herr selbst mit uns rede durch sein heiliges Wort und wir wiederum mit ihm reden durch Gebet und Lobgesang". Für die

Liturgik der Reformation

Antwort der Gemeinde war bei Luther u. a. das Kirchenlied entscheidend, das in der Folge als deutscher Choral zu einem Markenzeichen evangelischen Gottesdienstes avancierte.

von der Aufklärung bis zur Gegenwart

Die Aufklärung ist die Zeit, in der eine wissenschaftliche Lehre vom Gottesdienst entstand. Aufklärungstheologen befragten den Gottesdienst historisch und rekonstruierten ihn kritisch – beides mit dem Ziel, eine innovative liturgische Gestaltung für die Menschen der Gegenwart bieten zu können. Die Folge war eine Zentrierung auf das gelehrte und verstandene Wort. Das 19. und frühe 20. Jahrhundert ist hingegen eher an einer liturgischen Restauration interessiert, bevor dann in den 1960er-Jahren neue liturgische Aufbrüche entstehen. Diese wenden sich gegen die verordnete Einheitlichkeit, wie sie nach dem Zweiten Weltkrieg durch die Schaffung einer Agende für die lutherischen und unierten Kirchen etabliert worden war (unter einer *Agende* versteht man ein Buch, das die Gottesdienstordnung aufzeichnet und detailliert beschreibt, was zu tun ist; von lat. *agere* = tun, handeln). Man suchte nach neuen Formen – und entdeckte u. a. das Politische Nachtgebet, Familiengottesdienste, das Feierabendmahl u. v. a. Mit dem 1999 eingeführten Evangelischen Gottesdienstbuch, das nur noch im Untertitel „Agende" genannt wird und von den lutherischen und unierten Kirchen gemeinsam beschlossen wurde, fand man ein Modell, das liturgische Innovation im Rahmen der überkommenen Tradition ermöglicht.

2. Grundfragen der Liturgik

Menschliches und göttliches Handeln

Liturgik stellt auch die Frage, was Gottesdienst eigentlich ist bzw. sein soll. Dabei wird ein Spannungsfeld immer wieder entscheidend: die Spannung zwischen dem, was *Gott* tut, und dem, was *Menschen* tun. In der liturgischen Diskussion bezeichnet man die beiden Aspekte mit griechischen Begriffen und fragt: Ist der Gottesdienst primär ein *katabatisches* Geschehen (eines, das von „oben", von Gott aus, „absteigt") oder ein *anabatisches* (eines, das von „unten", vom Menschen aus, „aufsteigt")? Die Antwort erscheint von vorneherein klar: Gottesdienst muss beides sein: Katabase und Anabase, menschliches Handeln in der Erwartung und Hoffnung, dass auch Gott handelt, dynamisches Wechselspiel von Wort und Antwort.

Auch versteht es sich eigentlich von selbst, dass christlicher Gottesdienst nicht ohne eine zweite Spannung auskommt: die Spannung von *Alltag* und *Sonntag*. Hier allerdings zeigen unterschiedliche Gottesdienstkonzepte verschiedene Schwerpunkte. Die „Göttliche Liturgie" der orthodoxen Kirche etwa will diejenigen, die Gottesdienst feiern, ganz bewusst „entführen" – aus ihrem Alltag in den Himmel. So unterschiedliche evangelische Gottesdienstkonzeptionen wie die von Friedrich Daniel Ernst Schleiermacher (1768–1834) einerseits und die von Peter Brunner (1900–1981) andererseits haben ihre Nähe zu diesem Modell. Schleiermacher nämlich wollte zu Beginn des 19. Jahrhunderts den Charakter des Gottesdienstes als Unterbrechung des Alltags, als Fest, neu betonen. Für ihn ist Gottesdienst eine Feier, deren Zweck in ihr selbst liegt. Er spricht von „darstellendem Handeln" und grenzt dies vom üblichen und unseren Alltag bestimmenden „wirksamen Handeln" ab. Das Entscheidende sei die wechselseitige Anregung des „religiösen Bewusstseins", die in der gemeinsamen Feier geschehe. Peter Brunner, ein evangelischer systematischer Theologe, wehrte sich ebenfalls gegen jede funktionale Überfrachtung des Gottesdienstes. Gottesdienst sei herausgehobener Ort der Begegnung von Gott und Welt, von Gott und Mensch. Im Gottesdienst werde der Mensch bereits hinübergeführt in die neue Wirklichkeit seines Seins, in die Wirklichkeit der erlösten Kreatur. Schleiermacher bestimmt die Differenz des Gottesdienstes zum Alltag also eher anthropologisch, Brunner eher theologisch – beide aber unterstreichen den Unterschied von Alltag und Sonntag.

Für Ernst Lange (1927–1974) hingegen ging es gerade darum, diesen Unterschied zu problematisieren. Er sieht Gottesdienst zweipolig: als Gottesdienst im Alltag und als Gottesdienst in der Sammlung am Sonntag. Lange spricht von der Diaspora-Phase (Alltag) und der Ekklesia-Phase (Sonntag). Beide seien aufeinander zu beziehen. In der Diaspora sei jeder einzelne genötigt, seinen Glauben für sich zu leben und in der Welt zu bezeugen; in der Ekklesia komme es zur Bundeserneuerung und Bestär-

Sonntag und Alltag

Ekklesia und Diaspora

kung. Viele der neueren Gottesdienstmodelle seit den 1960er- und 70er-Jahren haben diese Orientierung an der Lebenswelt aufgenommen. Im Kontext ästhetischer Reflexionen wird aber zunehmend wieder auf die Konzeption des Gottesdienstes als Feier im Sinne eines Kontrastes zu den Gestaltungen des Alltags zurückgegriffen.

3. Reflexion liturgischer Praxis

Tradition und Innovation

Liturgik untersucht schließlich auch die konkrete Gestaltung des Gottesdienstes. Eine entscheidende Fragestellung dabei ist die nach dem Verhältnis von *Tradition und Innovation*. Inwiefern soll bzw. muss der Gottesdienst so gefeiert werden, wie es die Tradition vorgibt? Inwiefern sind Veränderungen, die neuen ästhetischen oder theologischen Einsichten entsprechen, legitim bzw. unumgänglich (siehe 1.2)? Die lutherische Reformation hat in dieser Frage – wie gezeigt – eine ambivalente Position bezogen. Einerseits musste es aufgrund der theologischen Entscheidungen Martin Luthers zu Innovationen kommen: Die Messopfertheologie sollte gestrichen und das Abendmahl von den Einsetzungsworten her neu verstanden werden. Gleichzeitig sollte die Predigt konstitutiv zu jedem Gottesdienst gehören. Andererseits aber war Luther vorsichtig und wehrte sich gegen allzu weit reichende Veränderungen. Diese nämlich könnten Menschen, die an die traditionelle Liturgie gewöhnt sind, belasten und zu einem ungeistlichen Reformismus führen.

Struktur des Gottesdienstes

Im Jahr 1974 legte die „Lutherische Liturgische Konferenz" ein Papier vor („Versammelte Gemeinde. Struktur und Elemente des Gottesdienstes"), in dem der Begriff der „Struktur" zur Lösung dieser Grundfrage eingeführt wird. Der Gottesdienst zeichne sich, so die Überzeugung, durch eine gleich bleibende Grundstruktur aus, könne aber innerhalb dieser Struktur in unterschiedlichen Ausformungsvarianten gefeiert werden. Inzwischen werden vier Phasen unterschieden, durch die die Struktur des Gottesdienstes beschrieben werden soll: (1) Eröffnung und Anrufung, (2) Verkündigung und Bekenntnis, (3) Abendmahl, (4) Sendung und Segen. Dieses Modell prägt das 1999 erschienene Evangelische Gottesdienstbuch. Auch die zeitgleich publizierte „Reformierte Liturgie" strukturiert den Gottesdienst vergleichbar. Mithilfe des Strukturbegriffs scheint es möglich, die Einheit in Vielfalt, die evangelische Gottesdienste kennzeichnet, zu erfassen. Kritiker fragen allerdings, ob dieses Modell nicht zu formal bleibt, um eine erlebbare Einheit evangelischen Gottesdienstes zu beschreiben. An dieser Stelle verbindet sich die Diskussion um *Tradition und Innovation* mit humanwissenschaftlichen Einsichten in die Bedeutung von *Ritualen* für das menschliche Leben (siehe 3.2.4).

Fragen:

1. Zeigen Sie auf, wie sich evangelischer Gottesdienst vom 16. Jh. bis in die Gegenwart entwickelte.

2. Was ist evangelischer Gottesdienst? Versuchen Sie, Ihre Antwort auf diese Frage zu finden, indem Sie einige unterschiedliche Antwortansätze gegeneinander abwägen.

3. Ein Pfarrer schlägt seiner Gemeinde vor, künftig auf die traditionelle Grußform der Salutation (*Liturg*: „Der Herr sei mit euch." *Gemeinde*: „Und mit deinem Geist.") verzichten zu wollen, weil er das Gefühl habe, dass diese ja doch keiner mehr verstehe. Stattdessen will er einfach nur noch sagen: „Guten Morgen, liebe Gemeinde." Wie beurteilen Sie diesen Vorstoß? Argumentieren Sie historisch, systematisch und liturgiepraktisch.

Fragen

2.3 Homiletik

Martin Luther forderte in einer seiner Reformschriften zum Gottesdienst (1523), die christliche Gemeinde solle „nimmer zusammenkommen, es werde denn daselbst Gottes Wort gepredigt und gebetet". Die Hochschätzung der Predigt wurde über Jahrhunderte zu *dem* Markenzeichen des Protestantismus. Und noch heute sagen 63 % der Evangelischen im Westen Deutschlands und sogar 77 % im Osten, der Gottesdienst solle vor allem eine gute Predigt enthalten. Seit dem Zweiten Vatikanischen Konzil (1962–1965) ist die Predigt auch in der katholischen Kirche zunehmend ins Zentrum der Aufmerksamkeit getreten, sodass

Hochschätzung der Predigt

Homiletik, die wissenschaftliche Reflexion der Predigt (von gr. *homilein* = sich unterreden), gegenwärtig weithin ökumenisch betrieben werden kann.

1. Homiletische Grundfragen

Predigt ist – so könnte eine formale Kurzdefinition lauten – *geistliche Rede in gottesdienstlichem Kontext*. Ihre Verortung in der Liturgie und ihre inhaltliche Orientierung unterscheiden sie von anderen Reden etwa in der Politik oder vor Gericht. Aber wie alle anderen Reden auch ist die Predigt eine Mitteilung zwischen Menschen. Das sogenannte *homiletische Dreieck* hilft, das Geschehen der Predigt zu reflektieren.

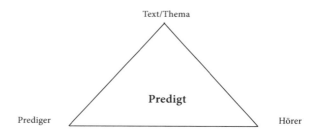

homiletisches Dreieck

Alle drei Konstituenten sind entscheidend. Daher muss die Homiletik die Person und Rolle des Predigers/der Predigerin ebenso reflektieren wie die Lebenswirklichkeiten und Glaubensvorstellungen der Hörerinnen und Hörer. Es genügt zur Predigtvorbereitung keinesfalls, lediglich einen biblischen Text „sauber" zu exegesieren oder ein religiös bedeutsames Thema „sachgemäß" zu bearbeiten. Aus dem homiletischen Dreieck ergibt sich auch: Jede Predigt ist mehr als das schriftlich vorliegende Predigtmanuskript. Sie gehört hinein in einen Kommunikationszusammenhang, in dem die Person des Predigers ebenso eine Rolle spielt wie die Hörenden, die der Predigt lauschen und Unterschiedliches aus der Predigt mitnehmen.

Theologisch bleibt das homiletische Dreieck noch unterbestimmt, da es die prinzipielle Spannung, in der die Predigtrede steht, nicht erfasst: die Spannung von *Gotteswort und Menschenwort*. Karl Barth (1886–1968) hat diese Spannung immer wieder beschrieben und dabei auf eine Formel zurückgegriffen, die von dem Schweizer Reformator Heinrich Bullinger (1504–1575) stammt: „Praedicatio verbi Dei est verbum Dei." („Die Predigt des Wortes Gottes ist das Wort Gottes.") Die eigentliche „Not der Predigt" ergibt sich dann aus der Frage, wie das Menschenwort in seiner Begrenztheit Wort Gottes sein bzw. werden kann. Für Karl Barth besteht die Lösung in einer bescheidenen Predigtgestaltung: Der Prediger solle sich an Johannes dem Täufer orientieren, der nur hinweist auf Christus und darauf hofft, dass der lebendige Christus sein eigenes Wort sagen wird. Gleichzeitig gelte es, das Wort der Bibel zur unbedingten Grundlage der Predigtrede zu machen. Im Wechselspiel von schriftlichem Wort der Bibel und lebendig-persönlichem Wort Christi könne die Predigt in der Erwartung stehen, für die Hörerinnen und Hörer zum Wort Gottes zu werden. In der Predigtpraxis der von Karl Barth geprägten Theologie führten diese homiletischen Einsichten in der Zeit nach dem Zweiten Weltkrieg jedoch nicht selten zu einer gewissen Sterilität und Monotonie der Kanzelrede.

Gotteswort und Menschenwort

Wie lässt sich der Stoff der Homiletik strukturieren? Seit Alexander Schweizer (1808–1888) werden häufig drei Aspekte unterschieden:

- Die *prinzipielle Homiletik* fragt nach dem „Wesen" der Predigt. Überlegungen wie die in diesem Abschnitt zu Menschenwort und Gotteswort in der Predigt fallen darunter.
- Die *materielle Homiletik* untersucht den Inhalt der Predigt, wogegen die
- *formale Homiletik* die Fragen der konkreten Redegestaltung in den Blick nimmt.

prinzipielle, materielle, formale Homiletik

Das Problem dieser Unterscheidung, die viele Lehrbücher des 19. und der ersten Hälfte des 20. Jahrhunderts geprägt hat, liegt vor allem in der Trennung von Inhalt und Form. Die ästhetischen Wahrnehmungen in der Praktischen Theologie des vergangenen Vierteljahrhunderts haben die alte Einsicht neu an den Tag gebracht, wonach es Inhalt nie ohne Form gibt. Entsprechend ist es nur in analytischer Hinsicht möglich, die materielle und die formale Homiletik zu unterscheiden. Eine Trennung beider Aspekte, die in der Tradition häufig mit einer Höhergewichtung des Inhalts gegenüber der Form einherging, führt zu problematischen Verkürzungen.

2. Geschichte der Predigt

von den ersten Christen bis zum Mittelalter

Schon immer wurde in der Kirche gepredigt. Beispiele sind die in der Apostelgeschichte stilisiert überlieferten Missionspredigten (vgl. Apg 2,14–26 oder 13,16–41). Auch zur gottesdienstlichen Versammlung gehörte neben der Lesung der Schriften der Hebräischen Bibel deren Auslegung (vgl. 1Kor 12 sowie Kol 3,16). Ebenso waren neutestamentliche Briefe zur gottesdienstlichen Verlesung bestimmt, und etwa der Hebräerbrief kann insgesamt als frühe christliche Predigt bezeichnet werden. Unstrittig ist, dass diese christliche Verkündigung ihre Wurzeln in der hellenistisch-philosophischen Lehrrede einerseits, in der jüdischen Predigt andererseits hatte (vgl. Deeg, 2006); von einem Synagogengottesdienst mit Lesung und Auslegung berichtet Lk 4,16–30. In den Kirchen des Ostens nimmt die Bedeutung der Predigt bald ab. Hier steht die gefeierte Liturgie im Mittelpunkt, die auch ohne Predigt auskommen kann. Auch im Westen verliert die Predigt im Übergang zum Mittelalter an Bedeutung, was u. a. mit der zunehmenden Anzahl von Geistlichen zusammenhängt, die aufgrund ihrer mangelnden Ausbildung nicht mehr zur Predigt fähig waren und stattdessen aus Sammlungen vorgefertigter Predigten, sog. Homiliaren, vorlasen. Im Hochmittelalter erlebte die Predigt auf unterschiedliche Weise neuen Auftrieb – vor allem durch die Tätigkeit der sogenannten Bettelorden (Franziskaner, Dominikaner). Viele ihrer Mönche zogen predigend durchs Land. Daneben waren seit dem 14. Jh. mystische Predigten vor allem innerhalb der Klöster verbreitet. In universitären Kontexten wurden Lehrpredigten für ein gebildetes Publikum gehalten.

Keineswegs also war die Zeit vor der Reformation eine predigtlose Zeit. Dennoch bedeutete die Reformation als Predigtbewegung eine erhebliche Aufwertung der gottesdienstlichen Rede. Für Luther war es entscheidend, dass in *jedem Gottesdienst* das Wort der Schrift nicht nur verlesen, sondern als direkte Anrede in der Predigt an die Gemeinde weitergegeben werde, damit diese Gottes Wort als Gesetz und Evangelium hören kann. Während Luther aber an der Messform des Gottesdienstes (Gottesdienst mit Abendmahl) festhielt, gestaltete die Schweizer Reformation (Zwingli, Calvin) den Gottesdienst noch konsequenter von der Predigt her. In der nachfolgenden Entwicklung behielt die Predigt ihre herausragende Bedeutung für den evangelischen Gottesdienst und wurde je nach vorherrschender theologischer Position unterschiedlich gestaltet. So wurden die Predigten in der altprotestantischen Orthodoxie des ausgehenden 16. und 17. Jahrhunderts lehrhafter und länger, in der Aufklärung bezogen sie sich primär auf die bürgerlich-tugendhafte, im Pietismus auf die fromme Lebensgestaltung des Einzelnen. Das 19. Jahrhundert hatte in Friedrich D. E. Schleiermacher nicht nur einen herausragenden Prediger, sondern auch einen kreativen Homiletiker. Er ordnete die Predigt ganz dem gottesdienstlichen Geschehen zu. Sie solle daher nicht zunächst etwas bewirken, sondern das religiöse Selbstbewusstsein der Gemeinde darstellen und anregen und so zur Erbauung beitragen. In der Praxis erwies sich diese homiletische Konzeption zunächst als kaum wirksam. Vielmehr prägten Konfessionalismus und Erweckungsbewegung die theologischen Akzentsetzungen, bevor dann in der Liberalen Theologie Ende des 19. und zu Beginn des 20. Jahrhunderts eine Predigt gefordert wurde, die bei den Hörerinnen und Hörern einsetzt und deren Lebenswirklichkeit als „moderne Menschen" (Friedrich Niebergall) zum Ausgangspunkt macht. In Abgrenzung zu Karl Barth (s.o.) finden sich seit den 1960er-Jahren vermehrt homiletische Konzepte, die die Lebenswirklichkeit der Hörer und die spezifische Verantwortung des Predigers betonen. Besonders deutlich wird dies in der Homiletik Ernst Langes, der Predigt programmatisch neu definiert als „Gespräch mit dem Hörer über sein Leben im Licht der Verheißung".

Predigt von der Reformation bis zum 20. Jh.

3. Was und wie predigen?

kommunikationswissenschaftliche Predigtbetrachtung

Die Kommunikationswissenschaft, die seit den 1960er-Jahren in der Homiletik Beachtung findet, weist auf das komplexe Geschehen zwischen Predigenden und Hörenden hin. Keineswegs taugt das Modell des Containers, wonach der Prediger seinen Redeinhalt in den Container der Predigt verpackt, den der Hörer entgegennimmt und möglichst vollständig auspackt. Vielmehr entscheiden zahlreiche Faktoren auf der Seite des Redners und auf der Seite der Hörer darüber, was gehört bzw. überhört wird. Gestik und Mimik des Redners, Stimme und Lautstärke, die Klarheit der Struktur der Rede, die Dichte der Rede oder die Menge der Redundanz (d. h.: der Worte und Sätze, die keine neuen Informationen weitergeben), die Emotionen etc. spielen ebenso eine Rolle wie die physische und psychische Disposition des Hörers im Moment der Rede. All dies entscheidet darüber, wieweit der Hörer der Rede folgt und ob bzw. inwiefern er zustimmt. Nicht selten geschieht es, dass Predigende nach der Predigt für Sätze gelobt oder kritisiert werden, die sie so nachweislich nie gesagt haben, die aber beim Hörer ankamen.

Rezeptionsästhetik und Sprache

Durch Aufnahme rezeptionsästhetischer Erkenntnisse in den vergangenen rund 20 Jahren wird die Vielfalt unterschiedlicher Rezeption zunehmend auch als Chance gesehen. Jede Hörerin und jeder Hörer nimmt aufgrund seiner/ihrer Situation notwendig Unterschiedliches wahr. Hören ist ein aktiver Vorgang, sodass die *eine* gehaltene Predigt zu einer *Vielzahl* von gehörten Predigten führt. In dieser Hinsicht kann die Predigt (mit einer Metapher des Schriftstellers und Literaturwissenschaftlers Umberto Eco) als „offenes Kunstwerk" beschrieben werden – eine Bestimmung, die Gerhard Marcel Martin 1984 für die Homiletik fruchtbar machte. Für die Predigenden kann dies entlastend sein: Ich muss (und kann!) nicht genau die Situation jedes einzelnen Hörers kennen, um eine wirkungsvolle Predigt zu gestalten. Vielmehr nimmt mir der Hörer einen Teil der Arbeit ab und verwandelt meine Rede in seine. Die Einsicht in die unhintergehbare Vielfalt der Rezeption darf keinen Freibrief für Schlampigkeit bei der Vorbereitung und Gestaltung der Predigtrede bedeuten. Predigtarbeit ist Spracharbeit und

Sprachhandeln (siehe 3.6). Theologisch sei es nochmals gesagt: Auch aus der handwerklich schlechtesten Predigt kann Gottes Geist ein Wort machen, das Menschen berührt und anspricht. Aber diese Einsicht darf weder die handwerkliche Reflexion über die konkrete Predigtgestaltung behindern noch zur Ausrede für homiletische Leichtfertigkeit verkommen.

Fragen:

1. Beschreiben Sie die Spannung von „Gotteswort und Menschenwort" als grundlegendes Problem der Homiletik.
2. Skizzieren Sie die Entwicklung der Predigt von den Anfängen bis zur Gegenwart.
3. Form und Inhalt gehören zusammen – erläutern Sie diese ästhetische Grundeinsicht in homiletischer Perspektive.

Fragen

2.4 Poimenik

1. Was ist Seelsorge?

Der Begriff „Seelsorge" ist in der Alltagssprache mit vielfältigen Assoziationen und Erwartungen verbunden. Unabhängig von ihrer kirchlichen Bindung sehen Menschen Seelsorgegespräche als solche, in denen sich ein Mensch für den anderen Zeit nimmt, um Lebens- und Sinnfragen zu besprechen. Gleichzeitig wird Seelsorge in der Öffentlichkeit als Grundaufgabe der Kirchen wahrgenommen. Die menschliche Zuwendung im Alltag, in besonderen Krisensituationen oder bei Übergängen im Lebenslauf kommt dabei in den Blick. Ein offenes Ohr für die Sorgen und Nöte der Mitmenschen zu haben – diese Grundhaltung wird von allen erwartet, die im Bereich der Seelsorge professionell tätig sind. Die letzte EKD-Erhebung über Kirchenmitgliedschaft von 2002 bestätigt diese Erwartungshaltung. In Westdeutschland wünschen sich die befragten evangelischen Kirchenmitglieder, dass die Kirche sich um Alte, Kranke und Behinderte kümmert (82%), Menschen an den Wendepunkten ihres Lebens begleitet (78%) und sich der Probleme von Menschen in Notlagen annimmt (77%).

Bedeutung der Seelsorge

allgemeine und spezielle Seelsorge

Das Handlungsfeld christlicher Seelsorge umfasst eine große Vielfalt von Phänomenen und Lebensbezügen. Es handelt sich um ein Geschehen, bei dem die Sorge um den ganzen Menschen in seelischer, körperlicher und gesellschaftlicher Perspektive zu bedenken ist. In der Praktischen Theologie widmet sich der Fachbereich der Poimenik (= Lehre von der Seelsorge; von griech. *poimēn* = Hirte) der theoretischen Reflexion seelsorgerlicher Praxis. Dabei werden unter Einbeziehung theologischer, humanwissenschaftlicher und historischer Erkenntnisse die unterschiedlichen Felder seelsorgerlichen Handelns wissenschaftlich begleitet und kritisch reflektiert. Zur besseren Einordnung kann zwischen allgemeiner und spezieller Seelsorge unterschieden werden: Spezielle Seelsorge meint das, was wir üblicherweise vor Augen haben, wenn von Seelsorge die Rede ist: das Gespräch zu zweit (oder in einem geringfügig größeren Kreis), das meist aus einem besonderen Anlass geschieht und oft existenziellen Inhalt hat. Allgemeine Seelsorge hingegen umfasst alles Handeln der Kirche, durch das Menschen zum Leben im Glauben verholfen wird, zum Beispiel durch Predigt oder Unterricht.

Seelsorge – allgemein menschlich und spezifisch christlich

Die Hinwendung zum anderen Menschen ist ein allgemeinmenschliches Phänomen. Im Kontext der christlichen Gemeinde und unter der Voraussetzung christlich motivierten Handelns gewinnt es aber eine spezifische Gestalt. Christen nehmen menschliche Bedürftigkeit in einer Weise wahr, die sich ganz allgemein gesprochen am biblischen Menschenbild und den Erzählungen vom Handeln Gottes für die Menschen orientiert. Den Mitmenschen so zu sehen, wie Gott ihn sieht, ist dabei eine entscheidende Grundhaltung. Metaphorisch gesprochen hören christliche Seelsorgerinnen und Seelsorger ihre Mitmenschen mit Gottes Ohren, sehen sie mit den Augen Gottes und pflegen sie mit seinen Händen. Christliche Seelsorge in biblischer Perspektive ist damit in der besonderen Achtsamkeit Gottes für den einzelnen Menschen begründet, wie sie vor allem in den Heilungsgeschichten des Alten und Neuen Testaments zum Ausdruck kommt.

2. Konzeptionen der Seelsorge

In der zweiten Hälfte des 20. Jahrhunderts bestimmte die Spannung und Auseinandersetzung zwischen zwei Konzeptionen die poimenische Diskussion wesentlich. Zum einen forderte die sog. *kerygmatische Seelsorge* (von griech. *kerygma* = Botschaft) eine Seelsorge, die sich explizit als Verkündigung an den Einzelnen versteht, wie analog die Predigt einer ganzen Gemeinde verkündigt. Für dieses Konzept der Seelsorge steht vor allem der reformierte Theologe Eduard Thurneysen (1888–1977). Seelsorge wird als Gespräch zwischen einem Gemeindeglied und einem Geistlichen gesehen, bei dem das Gemeindeglied aus seinem Leben erzählt und der Seelsorger bei passender Gelegenheit auf eine geistliche Ebene zu sprechen kommt, um die richtende und befreiende Botschaft des Evangeliums zusagen zu können. Im Seelsorgespräch passiert damit Ähnliches wie in einem Beichtgespräch. Die Glaubenshilfe durch die Seelsorge soll sich als Lebenshilfe erweisen. Unter dem Einfluss der amerikanischen Seelsorgebewegung und im Rückgriff auf psychotherapeutische Methoden entwickelte sich seit den 1960er-Jahren die *therapeutisch-beratende Seelsorge* als Gegenmodell zur kerygmatischen Seelsorge. Als entscheidend wurde nun das „echte" Gespräch zwischen zwei gleichberechtigten Partnern gesehen. Die Annahme und Wertschätzung durch den Seelsorger ermögliche die freie Artikulation des Problems, durch die sich neue Perspektiven ergeben, und entspreche gleichzeitig der Annahme und Wertschätzung Gottes. Seelsorge sei daher primär als geschwisterliche Wegbegleitung zu verstehen. Wichtige Vertreter dieser Richtung sind u. a. Richard Riess, Joachim Scharfenberg, Klaus Winkler und Dietrich Stollberg.

In Anlehnung an die Gesprächspsychotherapie des amerikanischen Therapeuten Carl Rogers (1902–1987) entwickelte die therapeutisch-beratende Seelsorge ein Ausbildungskonzept, das bis heute im Fort- und Weiterbildungsbereich angewandt wird. Dabei sollen menschliche Grundhaltungen eingeübt werden, die in der seelsorgerlichen Beziehung hilfreich für eine positive Entwicklung der Persönlichkeit sind: Einfühlungsvermögen, Echt-

kerygmatische und therapeutisch-beratende Seelsorge

klinische Seelsorgeausbildung

heit und bedingungslose Annahme des Gegenübers. Seelsorgerinnen und Seelsorger können sich im Rahmen der Klinischen Seelsorgeausbildung (KSA) professionell fort- und weiterbilden. Als organisatorisches Dach dient seit 1972 die „Deutsche Gesellschaft für Pastoralpsychologie" (vgl. www.pastoralpsychologie.de).

Der Praktische Theologe Manfred Josuttis entfaltet in jüngster Zeit eine spezifische Seelsorgelehre, die in mancher Hinsicht eine Rückkehr zur kerygmatischen Seelsorge bedeutet und eine Antwort auf die vielfach an die therapeutisch-beratende Seelsorge gestellte Frage gibt, was das „Proprium" (d. h. das Eigene) christlich-kirchlicher Seelsorge im Gegenüber zu allgemeiner therapeutischer Beratung sei. Josuttis sieht den Seelsorger in der Rolle eines Wegweisers und Führers, der den Seelsorgesuchenden in den Bereich des Heiligen einführt und ihn mit der Energie des Heiligen Geistes in Berührung bringt. Die positiven Energien des Heiligen bilden einen Bereich, der als räumliche bzw. atmosphärische Wirklichkeit vorgestellt wird. Im Kraftfeld des Heiligen nimmt der Mensch Kontakt mit der Lebenskraft Gottes auf, kann sich von lebenszerstörenden Mächten befreien und sein Leben neu auf Gott ausrichten (vgl. Josuttis, 2000).

energetische Seelsorge

Die neuesten Entwicklungen in der Poimenik zeigen eine große Vielfalt an methodischen Zugängen und die Tendenz zur Spezialisierung. In jüngster Zeit werden verstärkt Ansätze der systemischen Psychotherapie für die christliche Seelsorge fruchtbar gemacht. Systemische Ansätze grenzen sich gegen ein lineares Verstehen der Ursachen von Störungen ab. Sie richten den Blick auf die Lebenszusammenhänge von Menschen (Familie, berufliche Situation etc.) und fragen nach den Wechselwirkungen innerhalb des Systems und ihren Folgen für die seelische Gesundheit.

3. Handlungsfelder der Seelsorge

Drei grundlegende Typen seelsorgerlichen Handelns werden im Folgenden unterschieden. Ihnen sind spezifische Handlungsfelder zuzuordnen.

(a) *Seelsorge im kirchlichen Kontext:* Hierzu gehören das verabredete Gespräch im Amtszimmer, das auch den Charakter eines Beichtgespräches tragen kann und unter absoluter Verschwiegenheit stattfindet, das seelsorgerliche Gespräch mit einem Pfarrer, Diakon oder Pastoralreferenten anlässlich einer Kasualie (Taufe, Konfirmation, Trauung, Beerdigung; siehe 3.2.6), der Hausbesuch anlässlich eines Geburtstages oder aufgrund einer besonderen Lebenssituation und der Krankenbesuch zu Hause oder im Krankenhaus.

Seelsorge im kirchlichen Kontext

(b) *Alltagsseelsorge:* „Die Seelsorge im Alltag ist der Alltag der Seelsorge" (Eberhard Hauschildt): Zufallsgespräche bei alltäglichen Gelegenheiten entwickeln sich zuweilen zu seelsorgerlichen Gesprächen. Diese Qualität eines Gesprächs lässt sich schwer erfassen. Manchmal genügt schon die Erwähnung des Berufes, und Pfarrerinnen und Pfarrer werden von Menschen in einer alltäglichen Situation als Seelsorger angesprochen. Entscheidend ist die offene, seelsorgerliche Grundhaltung, mit der ein Mensch dem anderen begegnet sowie die Sensibilität für Äußerungen des Gegenübers, die im alltäglichen Sprachgewand weite theologische Implikationen beinhalten (z. B. die Wendung: „Da habe ich aber einen Schutzengel gehabt ...").

Alltagsseelsorge

(c) *Seelsorge an gesellschaftlichen Orten:* Überall, wo Menschen leben und arbeiten, gibt es seelsorgerliche Aufgaben, die von Christen und speziell dafür ausgebildeten Fachleuten (neben Theologen zum Beispiel Diakone oder Sozialpädagogen) übernommen werden. Die evangelische und katholische Kirche bieten im Bereich der Arbeitswelt, in Kliniken, in Gefängnissen und im Militär seelsorgerliche Begleitung durch qualifizierte Mitarbeiterinnen und Mitarbeiter an. Solche Seelsorge eröffnet einen Freiraum jenseits von Leistungsdruck, in dem Menschen ihre spezielle Lebenssituation bedenken und gestalten können. Fest etabliert hat sich in den letzten Jahrzehnten die Telefonseelsorge. Auch die Kommunikation über Briefe und neue Medien (Internet) ermöglicht es Menschen, Kontakt zu Seelsorgern aufzunehmen. In den letzten Jahren wurde in enger Kooperation mit Polizei und Einsatzkräften eine ökumenische Notfallseelsorge zur Hilfe in besonderen Krisensituationen, bei Unfällen und plötzlichen Todesfällen aufgebaut. Im Freizeitbereich bieten die Kirchen ein vielfältiges Angebot, das Menschen in Distanz zu

Seelsorge an gesellschaftlichen Orten

ihrer alltäglichen Lebenswelt die Möglichkeit geben will, über ihr Leben und ihren Glauben ins Gespräch zu kommen (z. B. Urlauberseelsorge, Kurseelsorge oder der Dienst der Bahnhofsmission).

Fragen:

Fragen
1. Inwiefern kann ein Gottesdienst dem seelsogerlichen Handeln der Kirche zugerechnet und poimenisch reflektiert werden?
2. Setzen Sie sich kritisch mit der Aussage „Seelsorge ist Psychotherapie im kirchlichen Kontext" (Dietrich Stollberg) auseinander.
3. Erarbeiten Sie die Rollen, die der Seelsorger/die Seelsorgerin in den unterschiedlichen Konzeptionen christlicher Seelsorge spielt.

2.5 Religionspädagogik

1. Geschichte des christlichen Unterrichts und der Religionspädagogik

pädagogisches Handeln im Neuen Testament
Pädagogisches Handeln gehörte von Anfang an zu den grundlegenden Ausdrucksformen christlichen Lebens. Dabei knüpften die ersten Christen gleichermaßen an antike Unterrichtstraditionen wie an den Unterricht in den Synagogen an. Menschen unterschiedlicher Herkunft und Religionszugehörigkeit wurden von den Jüngern und Aposteln auf den Empfang der Taufe vorbereitet und angeleitet, die heiligen Schriften zu lesen (vgl. Apg 8,26–40). Die Notwendigkeit der Weitergabe des Glaubenswissens wird bereits im Neuen Testament angesprochen (Mt 28,19f.), und die Apostelgeschichte berichtet, dass die Jünger „beständig in der Lehre der Apostel" blieben (Apg 2,42a).

Taufunterricht, Katechumenat
Im Mittelpunkt des pädagogischen Handelns der frühen Kirche stand der Katechumenat (von griech. *katechein* = unterweisen, unterrichten). Zur Vorbereitung auf die Taufe wurden die in der Regel erwachsenen Taufbewerber im Glaubenswissen unterwiesen und in das Glaubensleben der Christen eingeführt.

Dieser Taufunterricht ist die Wurzel des späteren kirchlichen Unterrichts zur religiösen Erziehung von Kindern, Jugendlichen und Erwachsenen.

In der ständisch geordneten Gesellschaft des Mittelalters war der Unterricht zunächst dem geistlichen Stand vorbehalten. Mit der Reformation entwickelte sich in den christlichen Konfessionen eine Unterrichtstradition, in der das Glaubenswissen in elementarisierter Form weitergegeben wurde: Aus den mittelalterlichen Lehrpredigten entstand der Katechismusunterricht. In seinem Großen und Kleinen Katechismus fasste Martin Luther 1529 die wesentlichen Inhalte des christlichen Glaubens zusammen. Im reformierten Bereich wurde der Heidelberger Katechismus (1563) zur verbindlichen Grundlage des kirchlichen Unterrichts. Auf katholischer Seite motivierten die reformatorischen Katechismen u. a. Petrus Canisius (1521–1597) ein vergleichbares Werk zu veröffentlichen. Der Unterricht sah einen Wechsel von Frage und Antwort vor, wobei die Schüler den tradierten Text zu repetieren hatten.

Katechismusunterricht

Mit der Entwicklung der bürgerlichen Gesellschaft wurde diese Tradition des Katechismusunterrichtes kritisch hinterfragt. Der wachsende Bedarf an Bildung führte im kirchlichen Bereich zur Entwicklung neuer Unterrichtsverfahren, die sich stärker am Kind orientierten. In der Aufklärung lassen sich erste Ansätze einer späteren Religionsdidaktik erkennen, die den Prozess individueller religiöser Bildung betonten. Im Zentrum des pädagogischen Interesses stand dabei die Entfaltung der religiösen Anlagen der Einzelnen und weniger die Vermittlung von objektivem Glaubenswissen. Die Vertreter einer stärker theologisch und kirchlich ausgerichteten Unterrichtstheorie verstanden religiöse Erziehung hingegen vornehmlich als Unterweisung der getauften Christen in der Gemeinde, als Vorbereitung auf die Konfirmation und als Unterricht an Volksschulen, die bis 1918 unter kirchlicher Aufsicht standen. Die Katechetik kann als Theorie des kirchlichen Unterrichts an den genannten Lernorten bezeichnet werden. Um 1900 tauchte erstmals der damals neu geprägte Begriff „Religionspädagogik" auf, der sich zunächst auf

Katechetik und Religionspädagogik

die theoretische Reflexion des Religionsunterrichtes an öffentlichen Schulen bezog.

2. Entwicklungen im 20. Jahrhundert und aktuelle Tendenzen

zwischen Katechetik und Religionsdidaktik

Das 20. Jahrhundert führte zu einer konzeptionellen Ausdifferenzierung. Der Religionsunterricht beschritt seinen Weg zwischen einer an Bibel, Theologie und Gemeinde ausgerichteten Katechetik und einer liberalen Religionsdidaktik, die an den Fragen des Individuums orientiert war und auf die Entwicklung einer religiös-sittlichen Persönlichkeit zielte. Die Katechetik wurde vor allem im Bereich des gemeindlichen Unterrichts weitergeführt. In Ländern, die keinen Religionsunterricht an öffentlichen Schulen zuließen, war der kirchliche Unterricht die einzige Möglichkeit, Glaubenswissen weiterzugeben, so zum Beispiel in Gestalt der Christenlehre in der DDR. Im Westen Deutschlands entwickelte sich die Religionspädagogik im Rückgriff auf die historischen Wurzeln seit der Aufklärung und mit deutlicher Abgrenzung gegenüber der Katechetik als eigenständige Fachwissenschaft. Die Aufnahme erziehungs-, human- und sozialwissenschaftlicher Erkenntnisse führte zu einer Annäherung der Religionspädagogik an die Allgemeine Pädagogik. Religiöse Erziehung und Bildung wurden nun verstärkt in empirischer Perspektive theoretisch reflektiert. Seit den 70er-Jahren entwickelte der Tübinger Religionspädagoge Karl Ernst Nipkow (geb. 1928) ein integratives Modell, das beide Traditionslinien verbindet. Er beschreibt die Religionspädagogik als Verbundwissenschaft zwischen Pädagogik und Theologie. Demnach müssen religionspädagogische Fragestellungen gleichermaßen in pädagogischer und theologischer Perspektive bearbeitet werden. Nipkow interpretiert religionspädagogisches Handeln als Ausdruck einer Bildungsverantwortung für den kirchlichen Bereich und als pädagogische Mitverantwortung der Kirche für den gesellschaftlichen Bereich.

neuere Konzeptionen

Neuere Konzeptionen im Bereich der evangelischen Religionspädagogik haben in den letzten beiden Jahrzehnten unterschiedliche Aspekte pädagogischen Handelns und religiöser Bildung hervorgehoben. Vertreter eines biblisch-hermeneutischen Ansatzes betonen die Bedeutung der Bibel und der christlichen Tradition für religiöse Lernprozesse. Im Umgang mit der biblischen Überlieferung und mit katechetischen Traditionsstücken sehen sie einen wichtigen Schlüssel zum Verständnis menschlicher Existenz (Ingo Baldermann, Ingrid Schoberth). Eine tiefenpsychologisch orientierte Symboldidaktik geht demgegenüber von einem weiten Religionsbegriff aus und sieht die Aufgabe der Religionspädagogik darin, Symbole für die Erschließung menschlicher Lebensthemen fruchtbar zu machen (Peter Biehl, Hubertus Halbfas). Eine ästhetisch orientierte Religionspädagogik versteht religiöse Bildung als Kunst der Wahrnehmung. Dabei beziehen sich die Vertreter dieser Richtung auf rezeptionsästhetische Ansätze und vergleichen religiöse Erfahrungen mit Wahrnehmungsprozessen im Bereich der Musik, der bildenden Kunst und des Films (u. a. Joachim Kunstmann). Zunehmend geht es bei diesen Ansätzen auch darum, religiöse Vollzüge in Lernprozessen zu inszenieren. Der Religionsunterricht wird zum Schauplatz gelebter Religion, und man spricht von einer performativen Religionsdidaktik (u. a. Thomas Klie).

Als eigenständiger Bereich religionspädagogischen Forschens etablierte sich seit den 1970er-Jahren die Gemeindepädagogik. Sie steht seit ihrer Entstehung in enger Verbindung mit Projekten zur Kirchenreform. Gemeinde wird unter anderem als Lerngemeinschaft verstanden, in der durch verschiedene Arbeitsformen subjektive Bildungsprozesse angeregt und ermöglicht werden. **Gemeindepädagogik**

3. Religionspädagogische Handlungsfelder

Oft wird Religionspädagogik in erster Linie mit dem Religionsunterricht an öffentlichen Schulen verbunden, doch umfasst religionspädagogisches Handeln weitere kirchliche und gesellschaftliche Kontexte. Ein klares Kriterium zur Unterscheidung religionspädagogischer Handlungsfelder bieten die Lernorte, an denen Menschen unterschiedlichen Alters mit Fragen des Glaubens und der Religion in Berührung kommen: die öffentliche **Lernorte**

Schule, die christliche Gemeinde und weitere öffentliche Orte religiöser Bildung.

Religionsunterricht an öffentlichen Schulen

Religionsunterricht ist in Deutschland in allen Schularten ordentliches Lehrfach, das von staatlichen Behörden gemeinsam mit den Religionsgemeinschaften verantwortet und von letzteren inhaltlich ausgestaltet wird (vgl. GG Art. 7,3). Heute ist die Trennung der Schüler nach Bekenntnissen im Fach Religion umstritten. Das Modell eines überkonfessionellen Unterrichts in Lebenskunde, Ethik und Religion in Brandenburg (LER) oder eines konfessionsverbindenden, ökumenischen Religionsunterrichts (Modellversuch u. a. in Baden-Württemberg) wird diskutiert und erprobt. Erste Modellversuche für einen islamischen Religionsunterricht wurden in Bayern erfolgreich abgeschlossen (siehe 3.2.5).

Familien-, Konfirmanden- und Jugendarbeit

Die Familie ist im frühen Kindesalter der wesentliche Ort religiöser Elementarerziehung. Das gemeinsame Feiern der Feste im Kirchenjahr, Gebete und das Begehen von Ritualen gehören zu den elementaren Formen christlichen Glaubens, die Kinder im familiären Kontext erleben (siehe 3.2.3). Darüber hinaus nehmen auch Kindergärten ihre religionspädagogische Aufgabe wahr, wenn sie Eltern bei der religiösen Erziehung unterstützen. Die Vorbereitung auf die Konfirmation bzw. die Kommunion und Firmung finden in der katholischen und in den evangelischen Kirchen mit unterrichtlichen Formen statt. Christliche Jugendarbeit ist seit dem 19. Jahrhundert ein eigenständiger Bereich pädagogischen Handelns in christlichen Verbänden (u.a. CVJM) und Kirchengemeinden. Konzeptionell bewegen sich die verschiedenen Angebote zwischen einer erwecklich-pietistischen Form der Jugendarbeit, die sich als missionarischer Dienst an jungen Menschen versteht, und einer subjektorientierten Form, die Jugendlichen primär Lebenshilfe und Begleitung bei der Entwicklung des Glaubens angesichts biografischer Herausforderungen anbietet.

Ein weites Feld ist die Erwachsenenbildung. Evangelische Erwachsenenbildung will vor allem einen Beitrag zur Menschenbildung leisten und unter sich ständig wandelnden Lebensbedingungen dazu beitragen, dass Menschen das Erwachsenenalter – orientiert an ihrer Lebenssituation – bewusst gestalten und dabei Impulse christlichen Glaubens und christlicher Weltverantwortung aufnehmen. Lernorte religiöser Bildung sind u. a. Akademien, Heim- und Landvolkshochschulen, Evangelische Bildungswerke und Stadtakademien. Bildungsarbeit wird vonseiten der Kirchen auch Menschen in besonderen Lebenslagen angeboten, so bei der Begleitung Zivildienstleistender, Wehrpflichtiger und Soldaten. Als Orte gesellschaftsbezogener Bildungsarbeit spielen die evangelischen und katholischen Kirchentage eine Rolle, die überregional wahrgenommen werden. Im gemeindlichen und überregionalen Bereich gewinnt eine religiös orientierte Kulturpädagogik an Bedeutung. Bildende Künstler, Filmschaffende, Buchautoren und Komponisten sind wichtige Gesprächspartner, um die ästhetischen Aspekte religiöser Bildung zu erforschen. Die Musikarbeit in Gemeinden und kirchlichen Zentren ist ein gutes Beispiel für die praktische Umsetzung religiös motivierter Kulturpädagogik.

Erwachsenenbildung und Kulturpädagogik

4. Glauben und Lernen

Kann man Glauben lernen? Diese Grundfrage steht häufig am Anfang einer theoretischen Reflexion im Bereich der Religionspädagogik. Aus pädagogischer Sicht kann der Glaube als die Lebenshaltung eines Menschen beschrieben werden, die aufgrund bestimmter Erfahrungen entsteht. Persönliche Beziehungen, lebensweltliche und biographische Erfahrungen tragen zur Entwicklung dieser Grundhaltung bei. Im Glauben drückt sich menschliches Vertrauen gegenüber Gott und der Zuspruch seiner befreienden und aufrichtenden Liebe aus. Theologisch gesprochen ist solcher Glaube ein Geschenk des Heiligen Geistes, das nicht durch pädagogische Maßnahmen bewirkt werden kann. Nicht den Glauben kann man daher lernen, aber durchaus den Umgang mit den verschiedenen Formen religiösen Lebens: Menschen lernen Gebete und Lieder, sie üben sich ein in die Auslegung biblischer Texte und begehen gemeinsam gottesdienstliche Rituale (siehe 2.2 und 3.2.4). Sie denken über Glaubenstraditionen nach und lernen, in religiösen Fragen eigene begründete Urteile zu fällen. Sie entdecken, wie Kunst, Musik

Glauben und Lernen

und Architektur als religiöse Ausdrucksformen gedeutet werden können. Es gehört zu den Grundaufgaben der Religionspädagogik, diese vielfältigen Lernprozesse durch Unterricht zu fördern und wissenschaftlich zu reflektieren.

Fragen:

Fragen

1. Welche Bedeutung kommt der Taufe im Kontext religiöser Erziehung und Bildung zu?
2. Legen Sie den Begriff „kirchliche Bildungsverantwortung" vor dem Hintergrund der aktuellen gesellschaftlichen Situation im Blick auf religionspädagogische Handlungsfelder aus.
3. Beschreiben Sie die Grundspannung zwischen Subjekt- und Gemeindeorientierung im weiten Feld religiöser Erziehung und versuchen Sie, eine eigene Position zu formulieren.

2.6 Kybernetik

1. Was ist Kybernetik?

Kybernetik als Steuermannskunst der Gemeindeleitung

„Ein Schiff, das sich Gemeinde nennt" – so beginnt ein Gemeindelied (Evangelisches Gesangbuch Nr. 589), das auf den ersten Blick ungewohnte Bilder für das Leben einer Kirchengemeinde wählt: Dort werden Christen in der Gemeinde mit einer Schiffsbesatzung verglichen, sie werden aufgefordert, den sicheren Hafen gemeindlichen Lebens zu verlassen und eine stürmische Fahrt auf dem Meer der Zeit zu wagen. Wie findet eine christliche Gemeinde den richtigen Kurs für die Fahrt im weiten Meer? Wie findet Steuerung und Leitung statt? Wie in jeder menschlichen Gruppe ist die Frage nach der angemessenen Form der Leitung auch in einer christlichen Gemeinde zu beantworten. In der Praktischen Theologie widmet sich die Kybernetik dem Handlungsfeld der Gemeindeleitung. Der Begriff stammt wie die Bilder im oben erwähnten Lied aus dem Bereich der Seefahrt. Das griechische Wort *kybernesis* meint ursprünglich die Steuermannskunst (griech. *kybernetes* = Steuermann, Kapitän). Bereits im Neuen Testament steht er für die Kunst der Gemeindeleitung (vgl. 1Kor 12,28). Die Kybernetik reflektiert Strukturen der Leitung vor dem Hintergrund biblischer Tradition, spezifisch konfessioneller Formen, soziologischer Erkenntnisse und aktueller Herausforderungen.

2. Grundfragen der Kybernetik

Friedrich Schleiermacher forderte, dass alles praktisch-theologische Nachdenken der Entwicklung von Kunstregeln zur Kirchenleitung dienen solle. Dieser weit gefasste Begriff bezog sich zunächst auf die leitende Tätigkeit der Geistlichen im Kontext der Gemeinde; die institutionellen Formen der Kirchenleitung kommen erst in einem zweiten Schritt in den Blick. Im Gefolge Schleiermachers hat sich eine kybernetisch orientierte Praktische Theologie entwickelt, die geistliche Aufgaben und institutionelle Formen der Leitung aufeinander bezieht. Vielfältige Fragestellungen sind dabei zu bearbeiten: Welche Formen der Leitung haben sich in christlichen Gemeinden entwickelt? Welche Bilder helfen, den Entwicklungsprozess einer Gemeinde aus der Leitungsperspektive zu beschreiben? Welche normativen theologischen Kriterien werden herangezogen? Und welche weiteren soziologischen und kybernetischen Kenntnisse sollen zur Theoriebildung verwendet werden?

kybernetische Grundfragen

Leitendes und steuerndes Handeln ist eine kirchliche Grundaufgabe, die in unterschiedlicher Weise wahrgenommen wird. Bereits Paulus unterschied in seinen Briefen die Gaben des heiligen Geistes nach ihren Funktionen für die Gemeinde: verkündigendes, helfendes und pädagogisches Handeln. Paulus kannte noch kein eigenes leitendes Amt, sondern beschrieb das charismatische Handeln als Summe unterschiedlicher Funktionen des einen Leibes Christi. Eine Grundspannung zwischen charismatischen und episkopalen (= bischöflichen) Leitungsformen ist bereits in den neutestamentlichen Schriften zu erkennen. Während Paulus ein charismatisches Modell unter Christus als dem Haupt der Gemeinde entwickelte (vgl. 1Kor 12), lassen sich in den Pastoralbriefen (1Tim, 2Tim und Tit) erste Ämterstrukturen mit hierarchischen Zügen erkennen.

Charismen, Leib Christi, Ämter

In der Kirchengeschichte entwickelten sich vor diesem biblischen Hintergrund unterschiedliche Leitungsformen: Die

konfessionelle Leitungsformen

katholische und orthodoxe Tradition kennt ein hierarchisch geordnetes Weihepriestertum mit unterschiedlichen Stufen vom Diakon über den Priester zum Bischof. Die Reformatoren bestimmten das kirchliche Leitungshandeln ausgehend von der zentralen Aufgabe der christlichen Gemeinde: Im Zentrum steht die Verkündigung des Evangeliums. Die Gemeinde ist primär durch geistliches Handeln (Predigt und Darreichung der Sakramente; vgl. Augsburger Bekenntnis, Art. 7) zu leiten. Die äußeren, institutionellen Aufgaben wurden in den lutherischen Gemeinden von den Geistlichen und in übergemeindlichen Dingen von den jeweiligen Landesherren wahrgenommen, die auch Kirchenordnungen erließen. In der reformierten Tradition (Calvin, Zwingli) war die Gemeinde auch in institutioneller Hinsicht selbstständig. Das grundlegende Amt der Hirten (Pastoren) wurde ergänzt durch die Ämter der Lehrer, Diakone und Gemeindeältesten. Die Gemeindeältesten und Geistlichen leiteten die Gemeinde auch in juristischer und politischer Hinsicht (Kirchenzucht).

das geistliche Amt und das Priestertum aller Gläubigen

Das Verhältnis von Amt und Gemeinde muss gerade im Hinblick auf das Gespräch mit anderen Kirchen im ökumenischen Kontext geklärt werden. Insbesondere in den Kirchen, die aus der Reformation hervorgegangen sind, wird das Verhältnis von leitendem Handeln durch Amtsträger und den Leitungsaufgaben, die Gemeindeglieder übernehmen, in Auseinandersetzung mit dem Konzept einer hierarchisch strukturierten Priesterkirche zu bestimmen sein. Auch Luther versteht das geistliche Amt weiterhin als göttliche Stiftung, beschreibt aber die gemeinsame geistliche Leitungsverantwortung aller Christen vom Leitbegriff des „Priestertums aller Gläubigen" her. Im Kontext dieser Verhältnisbestimmung von Amt und Gemeinde wird deutlich, dass die christliche Gemeinde in der Spannung zwischen sichtbarer, institutioneller Erscheinungsform und geistlichem Ursprung bzw. Auftrag zu betrachten ist. Soziale und funktionale Beziehungen sind ebenso zu reflektieren wie die Frage nach der geistlichen Leitung. Eine kybernetische Theorie muss beschreiben, wie das geistliche Amt (Pfarrer, Pastoren, Bischöfe) so geordnet werden kann, dass es dazu dient, die Geistesgaben (Charismen) der Gemeindeglieder zum Wohle aller zur Geltung kommen zu lassen.

Die kybernetische Theoriebildung bewegt sich aktuell im Spannungsfeld normativ-theologischer Entwürfe und der Entwicklung von Leitungsstrukturen unter Anwendung gemeindepädagogischer und kirchensoziologischer Erkenntnisse. Die wesentliche Frage lautet: Wie kann eine christliche Gemeinde eine Gestalt gewinnen, in der die Gaben des Heiligen Geistes in der Gemeinde entdeckt und gepflegt werden? In volkskirchlichen Gemeinden werden im Besonderen zwei Aspekte zu berücksichtigen sein: einerseits biblische Aussagen bzw. theologische Grundsätze, andererseits Formen der Leitung, die auf strukturell-institutionellen Verfahren und rechtlichen Ordnungen gründen. Die Kybernetik hat insofern zu klären, welche biblischen, theologischen und soziologischen Aspekte in der Beschreibung des komplexen Feldes einer christlichen Gemeinde Bedeutung erlangen können und sollen und zu welcher Form der Entwicklung der Gemeinde dies führt.

biblische Norm und gegenwärtige Fragen

Ein Beispiel für kirchenleitendes Handeln in der Evangelischen Kirche in Deutschland bietet ein aktueller Diskussionsprozess. Er wurde im Jahr 2006 durch das vieldiskutierte Impulspapier der EKD „Kirche der Freiheit" angestoßen. Der Text bietet theologische und institutionelle Orientierungshilfen an, die zu einer umfassenden Zieldiskussion über Perspektiven kirchlichen (Leitungs-)Handelns auf allen Ebenen führen sollen. Der dialogische Charakter des Diskussionsprozesses unterscheidet sich wesentlich von autoritativen Leitungsformen und ist charakteristisch für die Kirchen, die aus der Reformation hervorgegangen sind. Im katholischen Bereich hingegen wird Leitung mit Hilfe einer hierarchisch strukturierten Priesterkirche ausgeübt. Der Papst verfügt über umfassende theologische und juristische Vollmachten (Lehramt). In überschaubaren, freikirchlichen Gemeinde begegnen oft personale Leitungsstile, da hier häufig geistliche Führungspersönlichkeiten die Leitung einer Gemeinde innehaben.

Kirche der Freiheit

3. Dimensionen der Kybernetik

Kirchenverfassungen, Körperschaften des öffentlichen Rechtes

(a) *Die institutionelle Dimension*: Leitendes Handeln in Kirchengemeinden wird durch institutionelle Faktoren bestimmt. Großkirchen haben im Laufe der Jahrhunderte juristisch-institutionelle Formen der Kommunikation entwickelt. Nach innen regeln Kirchenverfassungen und kirchliche Ordnungen das Zusammenleben in den Gemeinden und auf weiteren kirchlichen Ebenen (Dekanatsbezirke, Kirchenkreise, Landeskirchen, Diözesen). Die Großkirchen sind in der Bundesrepublik Deutschland Körperschaften des öffentlichen Rechtes, dürfen Steuern erheben und haben ein Dienstrecht, das sich am öffentlichen Dienst orientiert. Jede einzelne evangelische Kirchengemeinde ist im juristischen Sinne selbstständig. Sie besitzt ein eigenes Leitungsgremium, das als Kirchenvorstand oder Presbyterium bezeichnet wird. In den evangelischen Kirchen dienen die weiteren Ebenen wie Synoden, Landeskirchenräte oder Bischöfe dazu, die Gemeinden bei der Erfüllung ihre Aufgaben zu unterstützen. Zu den kirchenleitenden Aufgaben von haupt- und ehrenamtlichen Mitarbeitern gehört es auch, diese institutionelle Seite kirchlichen Lebens so zu nutzen, dass die Grundaufgaben der christlichen Gemeinden erfüllt werden können.

Leitungsstile

(b) *Die personale Dimension*: Die gelungene Leitung einer Kirchengemeinde hängt auch von den kybernetischen Kompetenzen der verantwortlichen Pfarrer und Mitarbeitenden ab. Das Geschick im Umgang mit Leitungsfragen zeigt sich bei der Leitung von Gremien sowie im Umgang mit Mitarbeitern und Ehrenamtlichen. Um eine Gemeinde verantwortlich zu leiten, müssen Leitungsstile dahingehend überprüft werden, ob sie christlichen Grundsätzen entsprechen und ein gleichberechtigtes Zusammenwirken aller Beteiligten ermöglichen. Kirchenleitendes Handeln sollte auf allen Ebenen darauf abzielen, persönliche, theologische und sachliche Gesichtspunkte so zu vermitteln, dass es gelingt divergierende Interessen auszugleichen. Hierzu sind personale, kommunikative und fachliche Kompetenzen der Leitenden notwendig.

(c) *Die systemische Dimension*: Seit den 90er-Jahren des 20. Jahrhunderts werden systemische Theorien vermehrt mit Fragen der Gemeindeleitung verbunden. Die verschiedenen Teilsysteme des Gesamtsystems Kirche folgen ihren eigenen Systemlogiken. Das Konfliktpotenzial unterschiedlicher Teillogiken soll durch eine systemische Sichtweise entschärft werden. Das kybernetische Instrument der externen Gemeindeberatung will einen kommunikativen Prozess aller Beteiligten initiieren, der zu einer Leitbildentwicklung führt. Unter Anleitung von Gemeindeberatern sollen Ursachen für Konflikte und schlechte Leitungsstrukturen bewusst gemacht und bearbeitet werden. Der organisationstheoretische Zugang nimmt unterschiedliche Interessen, Motive und leitende Bilder in einer Gemeinde auf, um sie den Beteiligten bewusst zu machen. Die „konziliare Leitung" (Herbert Lindner) versucht möglichst viele betroffene Ebenen einer Kirchengemeinde in einen Entscheidungs- und Klärungsprozess einzubeziehen. Als Orientierungshilfe dient das „Kybernetische Dreieck":

Konziliarität, Leitbildentwicklung

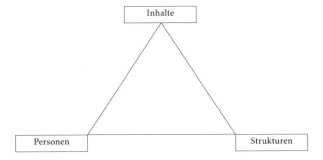

Ziel der Gemeindeberatung ist die organisations- und systemtheoretische Wahrnehmung einer Kirchengemeinde. Am Ende des Beratungsprozesses sollte die Entwicklung eines Leitbildes stehen, das die Gemeinde auf ihrem zukünftigen Weg begleitet und in Leitungsfragen Orientierung bietet.

4. Kybernetik und Oikodomik

Oikodomik als Lehre vom Gemeindeaufbau

Damit Gemeinde geleitet werden kann, muss sie zunächst einmal schlicht da sein. Diese an sich banale Feststellung bedeutet im Zuge der Kirchenmitgliedschaftsentwicklung jedoch eine zentrale Herausforderung für kirchliches Handeln. Neben Managementproblemen auf der größeren Ebene der Kirchenleitung wie auf der lokalen Ebene der pastoralen Steuermannskunst muss sich das kirchliche Handeln heute vor allem der Tatsache stellen, dass die Kirchenmitgliedschaft zu einer frei gewählten Entscheidung geworden ist und traditionelle kirchliche Bindungen ihre prägende Kraft verloren haben. Das bereits erwähnte Impulspapier der EKD „Kirche der Freiheit" fragt, wie Kirchen gegen den Trend wachsen und Menschen aus unterschiedlichen Milieus und mit divergierenden Lebensstilen (siehe 3.3.3) für die Botschaft der Kirche interessiert werden können. Mit der Frage nach geeigneten Wegen dazu beschäftigt sich die Oikodomik als Lehre vom Gemeindeaufbau. Anders als bei den Handlungsfeldern der Homiletik oder Liturgik ist dieser *Begriff* noch recht jung, der Sache nach reicht der Aufbau von Gemeinden freilich bis in das Urchristentum zurück. Oikodomik leitet sich von dem griechischen Wort *oikodome* (= Hausbau, Erbauung) ab und begegnet auch im Neuen Testament. Dort steht er für das Zusammenwirken der vielen Glieder des Leibes Christi (1 Kor 14,26) zu jenem Bau der Kirche auf dem „Grund der Apostel und Propheten, da Jesus Christus der Eckstein ist" (Eph 2,20f.).

volkskirchlicher und missionarischer Gemeindeaufbau

Christian Möller unterschied vor einigen Jahren grundsätzlich zwischen einem volkskirchlichen und einem missionarischen Gemeindeaufbau. Ersterer bewege sich in den Strukturen der Volkskirche (siehe 3.3.3) und habe dabei das Ziel, möglichst viele Menschen zu einer Mitgliedschaft in der Kirche zu motivieren oder die Intensität dieser Mitgliedschaft zu festigen. Als Beispiel kann gegenwärtig auf die Kircheneintrittsstellen verwiesen werden, die in vielen größeren Städten eingerichtet wurden, um auch jenseits der Gemeinde vor Ort einen (Wieder-)Eintritt in die Kirche zu erleichtern. Der missionarische Gemeindeaufbau suche hingegen nach alternativen Modellen von Gemeinde, um möglichst viele Menschen persönlich zum Glauben an Jesus Christus zu gewinnen. Eine lediglich distanzierte Kirchlichkeit von Mitgliedern erscheint den Vertretern dieser Modelle deshalb meist suspekt und theologisch defizitär. Inzwischen wurde der Begriff der „Mission" auch in volkskirchlichen Kontexten wieder positiv aufgenommen und als werbende Hinwendung zu distanzierten Kirchenmitgliedern, Kirchenfernen oder Ausgetretenen verstanden. Auch Volkskirche möchte zunehmend missionarische Kirche sein.

Fragen:

1. Benennen Sie konfessionelle Unterschiede im Blick auf kirchliche Leitungsstrukturen.
2. Welche Faktoren beeinflussen das Leitungshandeln im Raum der Kirchen?
3. Die EKD benennt gegenwärtig als Ziel kirchlichen Handelns ein „Wachstum gegen den Trend". Wie könnte eine Kirchengemeinde vor Ort Ihres Erachtens diesem Ziel entgegenarbeiten?

Fragen

2.7 Diakonik

1. Was ist Diakonie?

„Wenn in evangelischen Altenheimen nicht gebetet wird, dann gehört an solche Einrichtungen kein Schild der Diakonie", erklärte der Bischof der Kirchenprovinz Sachsen, Axel Noack, vor einigen Jahren beim Impulstag der Diakonie in Arnstadt und erntete damit starken Beifall. Zwar meinten Einzelne, es sei problematisch, Aussagen darüber machen zu wollen, ob und wo in einer evangelischen Einrichtung gebetet werde. Leidenschaftlich einig zeigte sich die Versammlung jedoch im Wunsch nach stärkerer religiöser Ausrichtung, mit der sich eine kirchliche Einrichtung vom Altersheim der Arbeiterwohlfahrt oder dem Kindergarten der Kommune unterscheiden müsse. Die Episode verdeutlicht einen zentralen Punkt im derzeitigen Ringen der Diakonie als

Debatte um das Selbstverständnis

organisiertes Hilfshandeln der Kirche um ihr Selbstverständnis auf dem Markt sozialer Dienstleistungen.

2. Geschichte der Diakonie

biblische Wurzeln

Die griechische Wurzel „diakonia" bedeutet „dienen" und verweist auf die Ursprünge der Diakonie in der Überlieferung des Neuen Testaments. Gleichwohl wurde die Aufgabe zur (dienenden) Nächstenliebe bereits im Alten Testament schriftlich fixiert (Lev 19,18) und durch die Propheten stets angemahnt (z. B. Amos 2,24). Neben dem Christentum nahm auch der Islam die Forderung zu Nächstenliebe und Barmherzigkeit als eine seiner fünf tragenden Säulen auf. Jesus von Nazareth begründete mit seinem eigenen Dienst die Diakonie der christlichen Gemeinde und praktizierte das doppelte Liebesgebot, wonach Gottes- und Nächstenliebe untrennbar zusammengehören. Als klassische biblische Texte für das Selbstverständnis der Diakonie wirken bis heute besonders die Gleichnisse vom Barmherzigen Samariter (Lk 10,25–37) und vom Weltgericht (Mt 25,31–46) sowie die Erzählung von der Wahl der sieben Armenpfleger (Apg 6,1–6).

Innere Mission und Diakonisches Werk

In der Geschichte des Urchristentums wurde der „Tischdienst" des gemeinsamen Abendmahls (vgl. 1 Kor 11,23–26) zur Basis innergemeindlicher Diakonie: Man brachte Gaben, dankte, teilte untereinander und brachte im Anschluss denen davon, die nicht bei der Feier der Gemeinde dabei sein konnten. Im Kontext der Ämterausbildung bildete sich neben dem Presbyter- und Bischofsamt allmählich ein Spezialamt der Diakonie. Im Mittelalter wurde die Diakonie vor allem in den Klöstern und Spitalorden praktiziert. Mit Elisabeth von Thüringen (1207–1231) begann eine Verehrung von Heiligen auf dem Gebiet der Nächstenliebe, die im 20. Jahrhundert ihre Entsprechung in Mutter Theresa (1910–1997) fand. Die Reformation wollte die Nächstenliebe vom Leistungsdruck einer Werkgerechtigkeit befreien. Dies führte jedoch langfristig zu einer Verbürgerlichung der Diakonie, zum Beispiel in Gestalt einer städtischen Armenpflege oder anderer öffentlicher Fürsorgeeinrichtungen. Nach vereinzeltem sozialem Engagement in der Zeit des Pietismus, zum Beispiel in Gestalt des berühmten Halleschen Waisenhauses von August Hermann Francke (1663–1727), wird der Gedanke einer umfassenden, kirchlichen Diakonie im 19. Jahrhundert wieder belebt. Neben den Initiativen Theodor Fliedners (1800–1864) und Wilhelm Löhes (1808–1872) entfaltete vor allem Johann Hinrich Wichern (1808–1881) eine große innerkirchliche Wirkung. Das von ihm gegründete „Rauhe Haus" bei Hamburg versuchte mit einem Familienprinzip verwahrlosten Jungen eine neue Heimat zu geben. Mit dem Konzept der „Inneren Mission" (1848) versuchten Wichern und seine Mitstreiter, die notwendige Sozialreform mit einer Kirchenerneuerung zu verbinden. Zugleich kämpften sie, auch mit publizistischen Mitteln, gegen eine als widergöttlich empfundene Revolution. Die Bindung der sozialpolitischen Diakonie Wicherns an das konservative Bürgertum verhinderte zudem einen wirklichen Austausch mit den von der sozialen Frage besonders betroffenen Arbeitern. Gleichwohl gelang es Wichern, die vielen Einzelinitiativen in diakonische Landesvereine zu bündeln, die im 20. Jahrhundert in die Diakonischen Werke der evangelischen Landeskirchen, der Freikirchen und schließlich in das Diakonische Werk der EKD als Dachverband mündeten – korrespondierend mit der Gründung des Deutschen Caritasverbandes auf katholischer Seite.

3. Diakonische Handlungsfelder

Der mehrstufige Aufbau des Diakonischen Werkes möchte auf der einen Seite die Gemeindenähe garantieren, zum anderen die zentrale Organisation von Hilfsaktionen ermöglichen. Als wichtige Arbeitsgebiete seien genannt: die Altenhilfe, die Arbeitslosenhilfe, die Begleitung Sterbender und Trauernder in der Hospizbewegung, die Bekämpfung von Armut im nationalen und globalen Bereich, die Behindertenhilfe, die Ehe- und Familienberatung, die Flüchtlingshilfe, die Kinder- und Jugendhilfe, die Obdachlosen- und Wohnungslosenhilfe, die Schwangerenkonfliktberatung, die Krankenbetreuung, die Suchtberatung und die Telefonseelsorge. Dabei werden diese Aufgaben teilweise gemeinsam mit katholischen Christen wahrgenommen, zum Beispiel in der Hospizarbeit oder in der Telefonseelsorge.

Gemeindenähe und zentrale Organisation

4. Konzepte und Grundfragen der Diakonik

zwischen Christozentrik und Helfersyndrom

Neben dem sozialpolitischen Ansatz Wicherns und seiner Auswirkung auf die praktische Diakonie wurde für die theologische Grundlegung der Diakonik nach dem Zweiten Weltkrieg besonders der Ansatz einer christozentrischen Diakonie durch Paul Philippi (geb. 1923) wegweisend. Nach ihm gehe es beim diakonischen Handeln in Analogie zum Gleichnis vom großen Weltgericht (Mt 25,31–46) darum, in dem dort genannten „geringsten Bruder" Christi Gottes Wirklichkeit wahrzunehmen. Im Kontext eines politischen Verständnisses des Reiches Gottes verortet Jürgen Moltmann (geb. 1926) demgegenüber auch das diakonische Handeln der Kirche im Horizont dieses Reiches. Gegen eine Reduktion auf eine „Anstaltsdiakonie" plädiert der Systematische Theologe für eine „Diakonisierung der Gemeinde". Anstatt hilfsbedürftige Menschen zu bloßen Objekten christlichen Mitleids abzuwerten, spricht ihnen Moltmann den Status von „Subjekten im Reich Gottes" zu. Diesen Gedanken greift der körperbehinderte Theologe Ulrich Bach (1931–2009) in seiner Konzeption einer partnerschaftlichen Diakonie auf. So seien im Kontext der „Unwürdigkeit" des Menschen vor Gott behinderte und nicht behinderte Menschen in gleichem Maße „geschädigte Schöpfung". Hilfreich für eine Problematisierung des Helfens wurde die Theorie des Helfersyndroms, wonach das Helfen psychologisch als psychische Selbstausbeutung oder soziologisch als kaschierte Herrschaft missbraucht werden kann. Mit seinem Buch „Die hilflosen Helfer" regte Wolfgang Schmidbauer auch in der Diakonik die wichtige Diskussion darüber an, inwiefern diakonisches Handeln andere bevormundet oder gar indoktriniert und ungewollt mehr dem Helfenden nützt als dem, dem geholfen werden soll.

Suche nach der religiösen Dimension

Unter den Grundfragen der Diakonik steht heute die Frage nach dem christlichen Proprium des diakonischen Handelns an vorderster Stelle. Heinrich Böll bekannte einmal als Antwort auf die Frage „Was halten Sie vom Christentum?": „Unter Christen ist Barmherzigkeit wenigstens möglich [...]. Selbst die allerschlechteste christliche Welt würde ich der besten heidnischen vorziehen, weil es in einer christlichen Welt Raum gibt für die, denen keine heidnische Welt je Raum gab: für Krüppel und Kranke, Alte und Schwache, und mehr noch als Raum gab es für sie: Liebe für die, die der heidnischen wie der gottlosen Welt nutzlos erschienen und erscheinen." Heute muss nüchtern festgestellt werden, dass die Nächstenliebe keine genuin christliche, sondern eine „souveräne Daseinsäußerung" (Knud Løgstrup) des Menschen ist. Alleine über das Helfen kann die Diakonie demnach kein unverwechselbares Profil gewinnen. Zudem haben der Staat und andere gesellschaftliche Institutionen (zum Beispiel das Rote Kreuz) Aufgaben übernommen, die einst kirchliche Pionierleistungen waren. Es müsste daher gegenwärtig vor allem auch darum gehen, verstärkt nach der religiösen Dimension auch in der Diakonie zu suchen. Empirische Studien belegen, dass Patienten bei den Erwartungen an ihr Krankenhaus oft an vorderster Stelle die Orientierung an christlichen Werten nennen und sich deshalb bewusst in kirchliche Hände begeben. Auch wenn die vage Formulierung „christliche Werte" eher auf die Erwartung einer Medizin mit Menschlichkeit zielen dürfte, vermag doch bei einer Reihe der Befragten ein Interesse an expliziter religiöser Kommunikation am Krankenbett mitzuschwingen. Gleiches gilt für die Pflege-, Gesprächs- und Freizeitkultur diakonischer Einrichtungen.

Die ökonomisch interessante Frage, ob eine stärkere religiöse Ausrichtung der Diakonie als Marktvorteil gewinnbringend eingesetzt werden könnte, verweist auf die aktuelle Grundspannung der Diakonie zwischen menschlich-religiösem Auftrag und den Imperativen des sozialen Marktes. So umfasst das diakonische Handeln als „Unternehmen Barmherzigkeit" zum einen (im Idealfall) religiös motiviertes Helfen, zum anderen geht es um das Management sozialer Großunternehmen, die ökonomisch konkurrenzfähig sein müssen. Dabei muss Ökonomie für das soziale Ganze mehr als Effizienz und Renditeorientierung bedeuten, zugleich muss jedoch eine überzogene Kritik am Ökonomisierungsprozess abgewehrt werden, wonach wirtschaftliches Streben die a-sozialen Tendenzen des Menschen fördern und bestärken würde.

Ökonomie und Diakonie

Fragen:

Fragen

1. Zeichnen Sie die Geschichte der Diakonie seit ihren biblischen Wurzeln anhand ihrer wesentlichen Stationen nach.
2. Nennen Sie grundlegende Aufgaben des diakonischen Handelns der Kirche. Welche Bereiche haben eine lange Tradition, welche stellen eher neue Herausforderungen dar?
3. Diskutieren Sie die Spannung des diakonischen Handelns zwischen der Ökonomisierung der Pflege und dem christlichen Auftrag zur Nächstenliebe.

2.8 Publizistik

1. Christliche Publizistik zwischen Praxis und Theorie

kirchliche Aktivität und wissenschaftliche Reflexion

Für kranke und viele ältere Menschen ist er eine echte Alternative zum tatsächlichen Kirchgang: der sonntägliche Fernsehgottesdienst im ZDF. Für Pfarrer sind sie in der Konfirmandenstunde eine große Hilfe, wenn es um zentrale Figuren der Kirchengeschichte geht: die von der Evangelischen Kirche mitfinanzierten Kinofilme über Martin Luther oder Dietrich Bonhoeffer. Für das Handeln der Kirche spielt das Feld der Massenmedien gegenwärtig eine gewichtige Rolle. Aufgrund der rasanten technologischen Entwicklung auf dem Medienmarkt sieht sich das klassische kirchliche Handeln dabei vor ganz neue Herausforderungen gestellt. Demgegenüber besteht bereits seit der Frühzeit der Kirche der Auftrag, angesichts der „Öffentlichkeit Christi" (Helmut Thielicke), die Öffentlichkeit als wesentliche Dimension der Kirche zu begreifen. Die Bezeichnung „Christliche Publizistik" meint sowohl die kirchlichen Aktivitäten auf dem Gebiet der Massenkommunikation als auch die wissenschaftliche Reflexion dieses kirchlich-publizistischen Handelns. Anders als zum Beispiel der Begriff Homiletik, der sich auf die praktisch-theologische Reflexion der Predigtpraxis bezieht. In diesem Kapitel soll das Handlungsfeld der Christlichen Publizistik knapp umrissen, durch empirische Analysen ergänzt und anhand gemeinsamer Grundfragen reflektiert werden. Die Ausführungen zu den Massenmedien (siehe 3.5) fragen vertiefend nach der Präsenz von Religion im medialen Kontext.

2. Das publizistische Handeln der Kirche

Zentrale Aufgabe der Christlichen Publizistik ist es, öffentlich von Gott in den Massenmedien zu reden und der religiösen Dimension des individuellen wie gesellschaftlichen Lebens Gehör zu verschaffen. Vor allem in den elektronischen Medien hat sich hierfür die Zweiteilung in Verkündigung und „Redaktionelle Beiträge" eingebürgert. Umfasst die Verkündigung im traditionellen Sinne Andachten und Gottesdienste im Radio und im Fernsehen (z. B. das „Wort zum Sonntag" im Ersten Deutschen Fernsehen oder den bereits genannten ZDF-Fernsehgottesdienst), so gestalten Fachredaktionen ohne direkte Einwirkung der Kirchen wöchentlich Sendungen, die sich im weiteren Sinn mit religiösen und weltanschaulichen Fragen beschäftigen und einen besonderen Akzent auf die Sozialberichterstattung legen. Von der Rezeption des Zuschauers dürfte es abhängen, ob dieser die betreffenden Beiträge als eine Art „indirekte Verkündigung" wahrnimmt. Evangelische Funkagenturen liefern Beiträge sowohl explizit verkündigender als auch redaktioneller Art an die privaten Radio- und Fernsehstationen. Für die kirchliche Radioarbeit ist seit Einführung des dualen Systems mit der entsprechenden Aufteilung in die Bereiche „öffentlich-rechtlich" und „privat" vor allem die Präsenz im kommerziellen Privatfunk eine Herausforderung, da die Sendungen durch das unterhaltende Programmumfeld inhaltlich und gestalterisch stark geprägt werden. Insgesamt können die Verkündigung in den elektronischen Medien, aber auch die pastoralen „Gedanken zum Wochenende" in manchen Tageszeitungen als öffentliche Seelsorge eingestuft werden.

kirchliche Rundfunkarbeit als öffentliche Seelsorge

Auf dem speziellen Handlungsfeld der kirchlichen Presse- und Öffentlichkeitsarbeit bewegt sich die Christliche Publizistik zwischen dem kirchenamtlichen, publizistischen Handeln einerseits und einem eher unabhängigen Journalismus andererseits. Letzterer besitzt vor allem im evangelischen Kontext eine

Unabhängigkeit und Zielgruppen

größere Chance, realisiert zu werden, bleibt aber auch dort im gewissen Grad – vor allem aufgrund finanzieller Subventionen – notwendig kirchlich gebunden. Zur kirchenamtlichen Arbeit gehören zum Beispiel Öffentlichkeitskampagnen und die Publikation von Pressemitteilungen. Ein eher unabhängiger, kirchlicher Journalismus wird im Evangelischen Pressedienst (epd) als ältester deutscher Nachrichtenagentur für die Redaktionen der allgemeinen Tages- und Wochenpresse praktiziert. Eine weitere hilfreiche Grundunterscheidung besteht zwischen externer und interner Kommunikation: Gehört die Zielgruppe, intendiert oder zumindest faktisch, zum kirchlichen Binnenmilieu, oder sollen bewusst auch kirchlich Distanzierte erreicht werden? Zielt das Magazin „Chrismon" als Beilage großer Tageszeitungen vor allem auf Letztere, stammen die Leserinnen und Leser der sogenannten Kirchengebietspresse („Sonntagsblatt" aus Bayern; „Nordelbische Kirchenzeitung" etc.) hingegen überwiegend aus dem binnenkirchlichen Milieu. Kirchliche Mitgliederzeitschriften stützen auf der landeskirchlichen Ebene die Verbundenheit der Mitglieder zur verfassten Kirche. Sie sind jedoch nicht in der Lage, ohne ein Netz von zusätzlichen Aktivitäten Kirchenaustritte zu verhindern. Eine sehr hohe Akzeptanz findet das fast flächendeckend erscheinende Basismedium Gemeindebrief, das auch jenseits der Kerngemeinde gelesen wird, jedoch häufig das Bild einer heilen, konfliktlosen Kirche zeigt, in der kontroverse Positionen nur äußert selten zu Wort kommen.

kirchliches Handeln in den Massenmedien Film und Internet

Ein weiteres Handlungsfeld der Christlichen Publizistik ist die kirchliche Filmarbeit in Gestalt eigener Filmproduktionen, zum Beispiel der „Eikon" mit der Produktion des Lutherfilmes aus dem Jahr 2001, oder die Arbeit kirchlicher, ökumenischer Filmjurys, deren Bewertungen sich vor allem an den Kriterien einer christlichen Anthropologie orientieren. So wie die technische Innovation des Filmes, des Radios und des Fernsehens im 20. Jahrhundert die Christliche Publizistik vor neue Herausforderungen stellt, ergeben sich heute durch das aktuelle Leitmedium Internet neue Chancen. Neben virtuellen Gottesdiensten oder Kolumnen (vgl. www.e-wie-evangelisch.de) betrifft dies mit der Möglichkeit einer Online-Seelsorge besonders das

Handlungsfeld der Poimenik (siehe 2.4). Die Internetseelsorge dürfte dabei eher ein flankierendes Angebot und kein Ersatz für die traditionelle Seelsorge sein, weil sie den unmittelbaren Kontakt zwischen Seelsorger und Gemeindeglied nicht ersetzen kann. Andererseits bietet sie die Möglichkeit der Kontaktaufnahme unter Wahrung der Anonymität.

3. Grundfragen der Christlichen Publizistik

Angesichts des expandierenden Medienmarktes bestreitet niemand die Notwendigkeit, dass sich die Kirche neben der klassischen, direkten Kommunikation auch der Wege der Massenkommunikation bedienen sollte. Strittig ist jedoch die Verhältnisbestimmung beider Größen. So gibt es nicht wenige Stimmen, die anstelle eines komplementären Modells eine Strategie der Überbietung empfehlen: Danach sei der direkte Kontakt im Sinne einer „Face-to-Face-Kommunikation" der technisch vermittelten Kommunikation eindeutig überlegen. Entsprechend kann etwa der Fernsehgottesdienst als defizitäre Form der christlichen Gemeinschaft bewertet werden. Dieser These muss entgegengehalten werden, dass sich auch die Predigt im Gottesdienst als Medium an ein disparates Publikum wendet und nicht in jedem Fall eine stärkere Wirkung auf den Gottesdienstbesucher ausübt als dies bei der Rezeption am Bildschirm der Fall ist. Freilich muss zugleich vor einer zu starken Euphorie gegenüber der angestrebten Wirkung in den Massenmedien gewarnt werden. Von mindestens gleichrangiger Bedeutung dürfte es sein, als Pfarrer wie als sonstiges Gemeindeglied die Chancen der direkten Kommunikation vor Ort zu nutzen, um mit anderen Menschen über den Glauben in ein Gespräch zu kommen.

Face-to-Face und massenmedial

Eine weitere Grundfrage ist jene nach dem Verhältnis von expliziter Verkündigung und anderen Formen stärker indirekter Rede von Gott in den Massenmedien. Auch hier bietet sich eine komplementäre Verhältnisbestimmung an, die vor allem hinsichtlich der unterschiedlichen Zielgruppen Sinn macht. So dürfte für ein kirchlich-distanziertes Publikum vor allem eine dialogisch verfasste, auch religionskritische Publizistik ihre Berechtigung besitzen, die sich bemüht, stärker „weltlich" von Gott zu

horizontal und vertikal

reden. Diesem eher horizontalen Modell christlicher Publizistik steht ein vertikales Modell gegenüber, das deutlicher an das Paradigma der Mission anknüpft und besonders im freikirchlichen Bereich favorisiert und praktiziert wird. Innerhalb der evangelischen Pressearbeit hat sich diese unterschiedliche Ausrichtung der Christlichen Publizistik in den beiden Nachrichtendiensten „Evangelischer Pressedienst" (epd) und „Informationsdienst der evangelischen Allianz" (idea) niedergeschlagen: Orientiert sich der epd nach eigener Auskunft vor allem an der Maxime „Frieden, Gerechtigkeit, Bewahrung der Schöpfung" und informiert dabei lediglich über Fragen der Verkündigung, identifiziert das evangelikale Pendant idea seine Arbeit mit der Verkündigung. Damit zielt es faktisch auf eine bewusst binnenkirchliche Zielgruppe aus dem auch politisch konservativen Spektrum.

Anwaltschaft und Wächteramt

„Wenn die Kirche dazu übergeht, sich selbst anzupreisen und auszuposaunen, dann hat sie einfach und glatt aufgehört, Kirche zu sein. Die Kirche kann nicht Propaganda treiben. Sie kann nicht sich selbst wollen, bauen, rühmen, wie alle anderen." Mit diesen harschen Worten reagierte Karl Barth 1930 auf einen Besuch bei der evangelischen Ausstellung „pressa", auf der sich die evangelische Kirche seiner Meinung nach allzu mächtig und selbstgefällig präsentiert habe. Bis heute wird dieses Verdikt gern zitiert und hat stets dann seine Berechtigung, wenn die evangelische Öffentlichkeitsarbeit im Verdacht steht, die eigene Institution stärker zu vermarkten als die Sache, für die sie steht. Eine hilfreiche Unterscheidung besteht in der Gegenüberstellung von „advocacy" und „image" (vgl. Blanke, 2008), wie sie auch in der Reflexion der Öffentlichkeitsarbeit anderer Nicht-Regierungs-Organisationen derzeit gepflegt wird. So müsste sich auch die Publizistik der Organisation bzw. Institution Kirche stärker auf ihren anwaltschaftlichen Auftrag besinnen, um als Publizistik „von unten" im Sinne eines Stellvertreter-Prinzips den Sprachlosen eine Stimme zu geben und nicht an vorderster Stelle für das „image" der eigenen Organisation zu arbeiten. Im Sinne eines öffentlichen Wächteramtes kann die Kirche dabei auch kritisch Position beziehen zu massenmedialen Streitfragen, zum Beispiel zur Legitimität von Gewaltdarstellungen oder von bestimmten Sendeformaten wie „Big Brother", die in der Gefahr stehen, sich nicht mit der Achtung der Menschenwürde vereinbaren zu lassen.

Was allgemein für die kulturelle Dimension des kirchlichen Handelns wie der Praktischen Theologie gilt (siehe 3.4), trifft in besonderer Weise für das Handlungsfeld der Christlichen Publizistik zu: die Problematik der Anpassung an das kulturelle, in diesem Falle massenmediale Umfeld. Dies zeigt sich zum Beispiel in der Frage, wie weit sich die Inszenierung eines evangelischen Gottesdienstes für das Massenmedium Fernsehen an den Vorgaben und Möglichkeiten des Mediums Fernsehen orientieren kann, ohne gänzlich den Bezug zur gottesdienstlichen Realität in der Ortsgemeinde zu verlieren. Grundsätzlich gilt es, die Balance zwischen einer partiell notwendigen Anpassung an die Gesetzmäßigkeiten des publizistischen Marktes, die Bedingungen und Sinnhorizonte der Mediengesellschaft und die Bedürfnisse der Mediennutzer einerseits und dem kritisch-prophetischen Auftrag der Kirche und ihrer teils sperrigen, widerständigen Botschaft anderseits zu halten. Entsprechend trägt das publizistische Gesamtkonzept der Evangelischen Kirche in Deutschland (EKD) aus dem Jahr 1997 den programmatischen Titel „Zwischen Mandat und Markt" und nennt dabei an vorderster Stelle das Mandat der publizistischen, christlich begründeten Freiheit. Hinsichtlich der Bedingungen der modernen Medienkultur darf sich die Kirche den veränderten Lese-, Seh- und Hörgewohnheiten ihrer Mitglieder in Gottesdienst und Predigt, im Religions- und Konfirmandenunterricht, in der Seelsorge und in der Praxis kirchlicher Amtshandlungen nicht grundsätzlich verweigern. Dabei gilt es immer wieder, das publizistische Handeln der Kirche zwischen unkritischer Anbiederung, einem notwendigen Sinn für Differenz und distanziertem, teils kulturkritisch gespeistem Hochmut auszuloten.

Mandat und Markt

Fragen:

Fragen
1. Diskutieren Sie die Vor- und Nachteile eines Fernsehgottesdienstes im Gegenüber zum Sonntagsgottesdienst vor Ort.
2. Die Evangelische Kirche in Deutschland (EKD) ließ im Jahr 2002 eine Reihe großformatiger Plakate an Werbeflächen und in Zeitschriften schalten. Eines der Motive zeigte auf blauem Himmel die Frage: „Ist der Mensch nur so viel wert, wie er verdient?" Als Antworten konnten angekreuzt werden: „ja", „nein", „vielleicht" oder „weiß nicht". Nehmen Sie Stellung zu dieser Kampagne.
3. Inwiefern bietet die Christliche Publizistik größere Chancen für die Ökumene als andere Handlungsfelder der Praktischen Theologie?

2.9 Zusammenfassung

Überblickt man die Darstellung der einzelnen Fächer der Praktischen Theologie in diesem Kapitel, so lassen sich Parallelen zwischen den fachspezifischen Diskursen feststellen. Wir halten diese in zwei Aspekten fest:

1. Praktische Theologie im Nacheinander leitender Paradigmen

Schleiermacher – Vater der Praktischen Theologie

Es gibt Personen, auf die Sie in diesem Buch häufig stoßen. Dazu gehören Martin Luther und Friedrich Schleiermacher. Letzterer hat für zahlreiche Bereiche der Praktischen Theologie Impulse geliefert und gilt häufig als Vater der Praktischen Theologie. In der Tat war er der erste, der die Praktische Theologie als eigenständiges Fach an der Theologischen Fakultät etablieren wollte (siehe 4.3). Schleiermachers Theologie war der durchaus geniale Versuch, Anliegen der Aufklärung und des Pietismus so miteinander zu verbinden, dass eine überzeugende theologische Gesamtkonzeption entstand. Ihr Ausgangspunkt bei der individuellen religiösen Erfahrung des Einzelnen und ihre Sensibilität für konkrete Gestaltungen der religiösen Praxis (Feier, Rede etc.) machen Schleiermacher gerade im Kontext gegenwärtiger ästhetischer Ansätze wieder interessant.

Zusammenfassung

Als einer der großen Antipoden Schleiermachers kann Karl Barth gelten, der in diesem Kapitel ebenfalls immer wieder erwähnt wurde. Als Vater der sogenannten „Dialektischen Theologie" plädierte er für eine Konzentration kirchlichen Handelns auf die Wortverkündigung und sah sich in dieser Hinsicht im Gefolge der Weichenstellungen der Reformatoren. Für die Praktische Theologie wurde vor allem sein Freund und Weggefährte Eduard Thurneysen entscheidend, dem Sie im Kapitel zur Poimenik begegnet sind (siehe 2.4). Die Chance dieser Ausprägung der Praktischen Theologie lag in der Deutlichkeit, mit der das Proprium christlichen Handelns bestimmt werden konnte. Das Problem aber, das seit den 1960er-Jahren immer klarer erkannt wurde, war, dass bei aller vermeintlichen theologischen Korrektheit eine Theologie entstand, die an den Menschen, ihren Bedürfnissen und den sich wandelnden gesellschaftlichen Situationen allzu weit vorbeiging.

Ernst Lange ist wohl der bekannteste jener vielen Vertreter der Praktischen Theologie ab der zweiten Hälfte der 1960er-Jahre, die versuchten, die Theologie wieder auf den Menschen und seine Fragen hin zu orientieren und so die richtigen Ansätze der Wort-Gottes-Theologie mit den Herausforderungen der Gegenwart zu verbinden. Man spricht im Rückblick von der „empirischen Wende" in der Praktischen Theologie und meint damit das neuerliche Interesse an Fragen des konkreten Lebens. In der Predigtlehre etwa wurde in dieser Zeit die Situation der Menschen neu zum Thema, ebenso aber wurden auch die kommunikationstheoretischen und rhetorischen Kontexte der Predigtrede untersucht. In der Liturgik wurden neue Feiergestalten jenseits der klassischen Agende reflektiert. In der Pädagogik entdeckte man die Bedeutung der religiösen Entwicklung von Kindern und die spezifischen Lebensumstände von Erwachsenen als pädagogisch-didaktische Herausforderung. Und in der Poimenik wurde man auf die Erkenntnisse der Psychologie in ihrer Bedeutung für die Seelsorgepraxis neu aufmerksam.

Die Auseinandersetzungen zwischen den eher kerygmatischen und den eher empirisch orientierten Theologen (und nun zunehmend auch: Theologinnen) waren in der ersten Zeit

Praktische Theologie als Verkündigung

empirische Wende

ästhetische Praktische Theologie

heftig. Besonders wird dies in der Poimenik sichtbar, wo sich regelrechte Gräben zwischen jenen auftaten, die für eine Seelsorge als „Verkündigung" plädierten, und jenen, denen eine therapeutisch-orientierte Seelsorge als „Lebenshilfe" am Herzen lag. Seit Mitte der 1980er-Jahre aber haben diese Auseinandersetzungen deutlich an Schärfe verloren. Man erkennt in den unterschiedlichen Handlungsfeldern die Notwendigkeit, theologische Einsichten und humanwissenschaftliche Erkenntnisse zu vermitteln. Wesentlich zur Entschärfung der Kontroversen hat zudem der Paradigmenwechsel hin zu einer ästhetischen Praktischen Theologie beigetragen, der sich in den verschiedenen Handlungsfeldern zeigt. Die grundlegende Einsicht, wonach Form und Inhalt immer nur gemeinsam reflektiert werden können, führte zu der Überzeugung, dass theologische Inhalte und humanwissenschaftliche Erkenntnisse nur in ihrem Miteinander Sinn machen und die Praktische Theologie nur so vor Einseitigkeiten bewahrt werden kann.

2. Auf der Suche nach dem Spezifischen kirchlichen Handelns

Proprium und Öffnung

Wenn Sie die voranstehenden Kapitel genau gelesen haben, erkennen Sie eine immer wiederkehrende gegenwärtige Grundfrage darin, inwiefern kirchliches Handeln primär nach seinem Eigenem, seinem Proprium, fragen und dieses pointiert darstellen müsse oder inwiefern die Kirche zuerst von den pluralen Bedürfnissen und Fragen der Menschen der Gegenwart ausgehen und sich diesen gegenüber öffnen solle. Zwei Beispiele: Die Diakonie steht vor der Herausforderung, ihr „Eigenes" auf dem Markt der sozialen Dienstleistungen zu bestimmen und offensiv darzustellen. Worin aber kann dieses Proprium gefunden werden? Darin, dass in diakonischen Einrichtungen gebetet wird, wie es pointiert Axel Noack formulierte? Auch die Christliche Publizistik steht in der Spannung, die durch die beiden Presseagenturen „epd" und „idea" exemplarisch zum Ausdruck gebracht werden kann. Soll Christliche Publizistik – vereinfacht formuliert – vor allem christlichen Werten in der demokratischen Gesellschaft dienen oder aktiv Verkündigung betreiben?

Der emeritierte Göttinger Praktische Theologe Manfred Josuttis (geb. 1936) hat in den vergangenen Jahren für alle Bereiche des kirchlichen Handelns eine neue Konzentration auf das gefordert, was nur die Kirche bieten kann: auf „das Heilige". Josuttis beschreibt Pfarrerinnen und Pfarrer als „Führer in die verborgene und verbotene Zone des Heiligen", die Predigt sieht er als Einführung in das Heilige Wort, den Gottesdienst als kultische Annäherung an das Heilige, den Unterricht als mystagogische Einweisung in das Heilige, die Seelsorge als Austausch heiliger Energien etc. Damit legt Josuttis eine konsequente Praktische Theologie vor, die er als „Phänomenologie des Heiligen" versteht. Es geht ihm dabei um jene Macht, die „höher ist als alle Vernunft" (Phil 4,7) und weder ausschließlich kognitiv noch emotional erfasst werden kann. Konkret bedeutet dies, dass Praktische Theologie nach Josuttis vor allem jene Phänomene reflektieren soll, in denen das Heilige als gegenwärtig erfahren wird – etwa auf liturgische Vollzüge wie das Abendmahl oder den Segen, auf die Lektüre der Heiligen Schrift etc. Durch seine Überlegungen eröffnet Josuttis immer wieder herausfordernde Spannungsfelder (z. B. das Spannungsfeld von Volkskirche einerseits, Gemeinschaft der Heiligen andererseits), die allerdings nicht einfach als Alternativen verstanden werden dürfen.

Josuttis – Praktische Theologie als Phänomenologie des Heiligen

Fragen:

1. Skizzieren Sie die Entwicklung praktisch-theologischen Denkens in den vergangenen 200 Jahren am Beispiel der Homiletik, Poimenik und Pädagogik, indem Sie wesentliche Stationen benennen. Zeigen Sie dabei vor allem die Parallelen zwischen diesen drei Handlungsfeldern auf.

2. „Gerade in der pluralen Situation der Gegenwart muss sich die evangelische Kirche in ihrem Handeln deutlich auf ihren Kernbereich beziehen, um unterscheidbar zu werden. Und das bedeutet: auf die Verkündigung des Wortes Gottes." – Nehmen Sie zu dieser Aussage kritisch Stellung.

Fragen

3. Zentrale Themen in praktisch-theologischer Reflexion

3.1 Einführung

Das zweite Kapitel bot einen Überblick über die verschiedenen Handlungsfelder der Kirche in praktisch-theologischer Perspektive. Dabei konnten Diskussionen, die gegenwärtig die Praktische Theologie bewegen, meist nur knapp angedeutet werden. Dieses dritte Kapitel führt nacheinander fünf zentrale thematische Bereiche praktisch-theologischen Nachdenkens vor Augen, die sich jeweils auf mehrere Handlungsfelder beziehen: die Religion, die Kirche, die Kultur, die Massenmedien und die Sprache. Mit Religion und Kirche werden die beiden grundlegenden Kontexte benannt, die jedes praktisch-theologische Denken derzeit bestimmen. Es geht um das Selbstverständnis und Handeln der Kirche im Kontext der gegenwärtigen Religionsverständnisse und Religionserfahrungen. Die drei weiteren Themen blicken verstärkt auf jene im weiten Sinne vermittelnden Medien, in denen sich Religion und Kirche äußern: die Kultur, die Massenmedien und die Sprache. Dabei ist die Fünfzahl keinesfalls erschöpfend, vielmehr handelt es sich um ausgewählte, jedoch zentrale Themen der praktisch-theologischen Reflexion. Ein weiteres Thema wäre zum Beispiel die Bildung, welche sich jedoch stärker als die anderen Themen mit einem bestimmten kirchlichen Handlungsfeld überschneidet, in diesem Fall dem der kirchlichen Bildungsarbeit im Rahmen der Religionspädagogik (siehe 2.5). – Bei Ihrer Lektüre können Sie jedes Thema mit jedem der Handlungsfelder kombinieren und zum Beispiel fragen: Was bedeutet die gegenwärtige massenmediale Situation für die Predigt oder den Gottesdienst der Kirche? Oder: Wie kann Seelsorge in sprachlicher Perspektive entfaltet werden und ihre eigene Sprache finden, die menschliche Lebenswirklichkeit

Handlungsfelder und zentrale Themen im Wechselschritt

und Gottes Wirklichkeit verbindet? Oder: Wie reagieren Religionsunterricht oder Erwachsenenbildung auf das, was gegenwärtig in kultureller Perspektive begegnet? Teilweise verweisen wir in den folgenden Unterabschnitten auf solche Querverbindungen, teilweise sollten Sie sie selbst erkunden.

3.2 Religion

1. Boom der Religion? –
Die Wiederkehr der Religion und die Rolle der Kirchen

Wiederkehr der Religion – Phänomene

Zu Beginn des 21. Jahrhunderts diagnostizieren viele ein erstaunliches Phänomen: Die Religion kehrt wieder! Trotz einer Jahrhunderte alten Religionskritik in ihren unterschiedlichen Facetten, trotz sinkender Mitgliedszahlen in den großen Kirchen der Bundesrepublik und im Widerspruch zur These einer fortschreitenden Säkularisierung in den westlichen Gesellschaften lasse sich ein Boom von Religion feststellen. Man sehe etwa auf das, was am 8. April 2005 geschah. Da versammelte sich mehr als eine Million Menschen in Rom, um bei der Trauerfeier für den einige Tage zuvor verstorbenen Papst Johannes Paul II. zugegen zu sein. Rund um die Welt verfolgten viele weitere auf Großbildschirmen oder vor dem heimischen Fernsehgerät den Ablauf der Feierlichkeiten. Die Beerdigung des katholischen Kirchenoberhauptes wurde zu einem Massenspektakel und Medienevent. Bereits vier Jahre vorher hatte Jürgen Habermas (geb. 1929), einer der großen und durchaus religionskritischen Philosophen der Bundesrepublik, zu einem neuen Nachdenken über Religion und ihre Bedeutung aufgerufen. Es waren die Ereignisse des 11.9.2001, die Anschläge auf das World-Trade-Center in New York und weitere Ziele in den USA, die ihn dazu veranlasst hatten. Seine Rede anlässlich der Verleihung des Friedenspreises des Deutschen Buchhandels am 14.10.2001 nimmt ausdrücklich auf die Terroranschläge Bezug. Der Philosoph stellt erstaunt fest, dass das Attentat eine religiöse Saite in Schwingung versetzt habe. Überall hätten sich Synagogen, Kirchen und Moscheen gefüllt und seien Menschen zu Gottesdiensten, Gedenkfeiern und Gebeten zusammengekommen. Dies mache unübersehbar deutlich, dass eine klassische und vereinfachende Säkularisierungsthese gescheitert sei. Diese lautete: In dem Maße, in dem das allgemein Vernünftige sich durchsetzt, verschwindet die Religion als Faktor im gesellschaftlichen Leben und die Gesellschaft wird „säkular" (von lat. *saecularis*, was u. a. „weltlich", aber auch „heidnisch" bedeutet). Habermas spricht demgegenüber von einer „postsäkularen Gesellschaft" – einer Gesellschaft, die die Religionskritik der Moderne zwar kennt, in der das religiöse Fragen und Suchen aber nicht verstummt ist.

In den Kirchen jubeln manche über die Wiederkehr der Religion und sehen den Marktwert der Kirche in der Gegenwart steigen. Allerdings zeigt sich: Was da an Religion wiederkehrt, ist nicht unbedingt an die Kirche(n) gebunden. Schon lange haben die Kirchen ihr Deutungs- und Gestaltungsmonopol in religiösen Fragen abgegeben. Andere Anbieter auf dem Markt des Religiösen haben sich etabliert, und die Menschen der Gegenwart sind mündig geworden, aus den unterschiedlichen Deutungsangeboten das herauszufiltern, was ihnen selbst einleuchtet und hilfreich scheint. Für die Praktische Theologie ergibt sich deswegen die Notwendigkeit, sich in ihrer Reflexion *nicht* auf die Kirche und ihr Handeln zu beschränken, sondern die Weite dessen in den Blick zu nehmen, was Menschen religiös bewegt.

<small>Kirchen und der Boom der Religion</small>

Doch: was eigentlich ist gemeint, wenn von „Religion" oder „religiösen Phänomenen" gesprochen wird? Das Kapitel setzt ein mit dem Versuch einer Definition (3.2.2), fragt dann nach der Funktion von Religion (3.2.3) und deren Gestalt (3.2.4). Die beiden letzten Abschnitte blicken auf konkrete Herausforderungen: zunächst angesichts der interreligiösen Situation der Gegenwart (3.2.5), dann spezifischer für das Handeln der Kirchen (3.2.6).

<small>Aufbau des Kapitels</small>

2. Was ist Religion? – Das schwierige Unterfangen, Religion zu definieren

Der Begriff „Religion" leitet sich von dem lateinischen Wort „religio" ab, soviel ist unstrittig. Umstritten ist aber bereits, ob dieses Substantiv von „religere" stammt, was „genau beachten"

<small>Begriff „religio"</small>

bedeutet, oder von „religare" herkommt, was „verbinden", „rückbinden" bzw. „verbunden sein" meint. Nach der erstgenannten Deutung stünde Religion für all das, was durch genaue Beachtung der Überlieferung Gestalt findet und weitergegeben wird, also z. B. für die Regeln des Umgangs mit dem Götteropfer. Die zweite Deutung bezieht Religion auf die Verbindung von Gott und Mensch und wurde als solche bevorzugt kirchlich benutzt.

Umbruch der Aufklärung

Den entscheidenden Umbruch im Religionsverständnis bedeutete die Aufklärung im 18. Jahrhundert. Der Begriff der „Religion", der bislang für das Christentum verwendet wurde, löste sich von der konkreten Glaubensgemeinschaft ab und wurde zu einer Kategorie der Erfahrung und zu einer Bestimmung des Menschseins. Jeder Mensch habe einen grundlegenden Bezug zu einer das Irdische übersteigenden Wirklichkeit. Man nannte dies seine „natürliche Religion". Hatte man vorher die Wahrheit der Religion nur in der konkreten Glaubensgemeinschaft greifen können und daher im europäischen Abendland das Christentum als *die* wahre Religion verstanden, so sah man nun die „natürliche Religion" als die eigentlich wahre an. Die einzelnen Religionsgemeinschaften konnten nur abgeleitet von ihr Wahrheit für sich beanspruchen. Damit ging die Forderung wechselseitiger Toleranz verschiedener Religionen einher, wie sie am berühmtesten Gotthold Ephraim Lessing (1729–1781) in seiner „Ringparabel" ausdrückte. Es stellt sich freilich bald die Frage, ob es die „natürliche Religion" eines jeden Menschen wirklich gibt. Denn faktisch lebt Religion nur in der jeweiligen Konkretion. Sie lebt in bestimmten Formen, mit Symbolen und Riten, heiligen Texten und Liedern und wird von Generation zu Generation weitergegeben. Trotz dieses Einwandes aber war mit dem Religionsbegriff der Aufklärung ein Oberbegriff vorhanden, der sich auf unterschiedliche Phänomene beziehen konnte. Erst jetzt konnten Islam, Judentum und Christentum sowie andere Formen von Glaubensleben als Religionen bezeichnet werden. Gleichzeitig aber wurde die Frage nach einer Definition von Religion neuerlich dringend.

Zunächst waren *substanzielle* Religionsdefinitionen weithin üblich, Bestimmungen also, die *inhaltlich* festlegen, was mit Religion gemeint ist. So konnte man z. B. sagen, dass überall dort, wo sich Menschen auf Gott oder Götter beziehen, Religion vorliegt. Allerdings erkannte man schnell, dass dies eine Vorstellung ist, die zwar für die monotheistischen Religionen Judentum, Christentum und Islam gilt und ebenso für ältere polytheistische Religionen (etwa im antiken Griechenland oder Rom), dass damit aber Ausprägungen von Religion, wie sie etwa in Asien begegnen, nicht erfasst werden. Der Buddhismus kennt z. B. in weiten Teilen keinen personal bestimmten Gott, sondern lehrt den Kreislauf der Wiedergeburten, der durch das endgültige Eingehen ins „Nirwana" beendet wird. Aufgrund dieser Schwierigkeit einer *theistischen Religionsdefinition* wurde zu Beginn des 20. Jahrhunderts eine inhaltliche Bestimmung populär, die sich in dem Grundlagenwerk „Das Heilige" von Rudolf Otto (1917) findet. Nicht eine persönliche Gottheit ist bei Otto entscheidend, sondern die unpersönliche Kategorie des „Heiligen": In allen Religionen beziehen sich Gläubige auf eine überirdische (=transzendente) Wirklichkeit, die Schaudern erregt und zugleich faszinierend ist. Als praktikabler, weil universaler erwiesen sich *funktionale* Religionsdefinitionen. Sie beschreiben, was Religion im Leben von Menschen leistet, fragen aber nicht danach, was zu einer Religion inhaltlich gehört. Für die Praktische Theologie ist diese funktionale Religionsbestimmung so bedeutsam geworden, dass sie in einem eigenen Abschnitt näher beschrieben werden soll.

substanzielle und funktionale Religionsdefinition

3. Wozu dient Religion? –
Die Funktion von Religion für Einzelne und Gemeinschaften

Der deutsche Soziologe Thomas Luckmann hat Religion beschrieben als „subjektives System letzter Relevanz". Mit dem Adjektiv „subjektiv" macht er deutlich, dass Religion bei jedem Menschen unterschiedlich ausgeprägt ist. Sie ist in der Moderne ein *individuelles* Phänomen geworden. Jede/r hat seine/ihre eigene Religion. Die Menschen sind „Religionskomponisten" (Paul M. Zulehner), und was dabei entsteht ist nicht ein „orthodoxer" (also gemäß den Bekenntnissen rechtgläubiger) Katholizismus oder Protestantismus, sondern eher ein buntes Gemisch,

Patchwork-Religiosität und Synkretismus

ein „Patchwork" verschiedener Ansichten. So glauben manche Christen an die – im Christentum nicht verankerte – Wiedergeburt in einem weiteren Leben und halten dies für eine genuin christliche Lehre. Es kommt zu einem modernen, subjektiven Synkretismus, einer Religionsvermischung auf der Ebene des einzelnen glaubenden Menschen.

Komplexitäts-reduktion und Kontingenz-bewältigung

Um bei aller Unterschiedlichkeit des vielfältigen Glaubens von Menschen aber dennoch von Religion reden zu können, wird es nötig, gemeinsame Funktionen von Religion zu bestimmen. Der deutsche Soziologe Niklas Luhmann (geb. 1927) hat dazu die Funktionsbereiche der *Komplexitätsreduktion* und der *Kontingenzbewältigung* unterschieden. Zum einen fügt Religion Divergentes zu einer einheitlichen Sicht des Lebens und der Welt zusammen, reduziert Komplexität und stiftet so Sinn, der als erfahrener Zusammenhang beschrieben werden kann. Aus dem diffusen Chaos, in das „ich" nicht recht hineinpasse, wird ein von Gott gewollter und geordneter Kosmos. Die Kontingenzbewältigung bezieht sich hingegen auf den Umstand, dass Menschen ihre kontingenten (zu-fälligen) Erfahrungen deuten und sie in ein sinnvolles Ganzes des Lebens einzeichnen wollen. Warum bin ich mit dieser Krankheit konfrontiert? Oder: Warum scheitert meine Ehe?

religiöse Sozialisation – gelingend und scheiternd

Wenn Religion diese Funktionen erfüllt, so wirkt sie stabilisierend auf Individuen. Allerdings kann sich religiöse Sozialisation auch negativ auswirken, dann nämlich, wenn Kinder und Jugendliche durch den Rekurs auf Religion in Unmündigkeit gehalten werden. Ein autoritäres Elternbild kann durch den Hinweis auf den zornigen, strafenden und allwissenden Gott religiös überhöht werden. Sigmund Freud (1856–1939) hat Religion in dieser Hinsicht als potenziell krankmachend beschrieben. Ein weiterer Psychoanalytiker des 20. Jahrhunderts, Tilman Moser (geb. 1938), verfasste vor gut 30 Jahren ein Buch mit dem Titel „Gottesvergiftung", in dem er seine eigene problematische religiöse Sozialisation beschreibt. „Du hast mir", so redet er den Gott an, von dem er sich in dem Buch verabschiedet, „gründlich die Gewißheit geraubt, mich jemals in Ordnung fühlen zu dürfen" (17). Inzwischen beschreibt Moser auch die

Möglichkeit einer gelingenden religiösen Sozialisation, wenn sie nicht Angst und Furcht lehre, sondern Liebe erfahren lasse (vgl. Moser, 2003).

Religiosität wird durch Sozialisation erworben. Dies hat zwei Konsequenzen: (1) Religion mag ein individuelles Phänomen sein, ein privates ist sie nicht. Denn immer gehören andere Menschen dazu, die als Eltern, Lehrer, Freunde, Partner oder als Vorbilder und Idole die Religiosität eines Menschen prägen. (2) Religiosität entwickelt und verändert sich. Besonders intensiv wurde die Entwicklung von Religiosität bei Kindern und Jugendlichen erforscht. Die Ergebnisse dieser Forschungen wurden u. a. zu Stufentheorien der Entwicklung des Glaubens systematisiert. Eine der berühmtesten stammt von James W. Fowler (geb. 1940). Die Art und Weise, wie Menschen verschiedentlich Sinn erfahren und konstruieren, dient ihm zur Kategorisierung religiöser Entwicklung in sieben Stufen vom Glauben der frühen Kindheit über einen mythisch-wörtlichen Glauben bis hin zu einem individuierend-reflektierenden Glauben. Das Stufenmodell Fowlers hat Unterstützung und Kritik erfahren. Falsch verstanden wäre es, wenn daraus ein Schematismus der Entwicklung der Religiosität bei jedem einzelnen Menschen konstruiert würde. Hilfreich aber erscheint es, um wahrzunehmen, dass Glaube sich im Leben verändert. Besonders der kritische Bruch zwischen Kindheit und Jugend kann im Religionsunterricht beobachtet werden – und zu einem gänzlich anderen Unterricht etwa zum Thema der Wundergeschichten in unterschiedlichen Jahrgangsstufen führen. Für ein Kind in der ersten oder zweiten Klasse ist es im Allgemeinen überhaupt kein Problem, erzählt zu bekommen, dass Jesus auf dem Wasser wandelte. Erzählt man diese Geschichte einem Schüler in der siebten Klasse, wird man sich kritische Fragen („Konnte Jesus denn ‚in echt' auf dem Wasser laufen?") und ungläubige Ablehnung („So ein Unsinn!") gefallen lassen und sich fragen müssen, wie eine solche Geschichte dann erzählt werden kann, um jenseits der „ersten Naivität" der Kinder zu einer „zweiten Naivität" (Paul Ricoeur) zu verhelfen, die die Wahrheit der Erzählung nicht in der historischen Faktizität des Wasserwandels auf dem See Genezareth festmacht.

Entwicklung von Religiosität

lebenszyklische Religiosität

Religiosität verändert sich auch nach dem Erreichen des Erwachsenenalters weiter. Kontingenzbewältigung und die Notwendigkeit zur Reduktion von Komplexität werden besonders dann entscheidend, wenn *Krisen* den normalen Lebenslauf durchbrechen. „Krise" ist dabei als neutraler Begriff zu verstehen. Die Veränderung des Lebens, die sich dann ergibt, wenn zwei Liebende sich entschließen, gemeinsam zu leben oder zu heiraten, die Veränderung, die eintritt, wenn einem Paar ein Kind geboren wird, ist ebenso als Krise anzusprechen wie die ins Leben einbrechende Krankheit, der Tod eines Partners oder engen Freundes etc. Der Bedarf nach Deutung des eigenen Lebens wird in Situationen, in denen der bisherige Gang der Biografie freudig oder belastend unterbrochen wird, evident, während das Leben ansonsten mit seinen kleinen Höhen und Tiefen ohne Nötigung zu expliziter Vergewisserung verläuft. Anders formuliert: Religion wird lebenszyklisch zum Thema.

primäre und sekundäre religiöse Erfahrung

Um nicht einfach alles, was in solchen Lebensumbrüchen als Lebensdeutung versucht wird, unterschiedslos religiös zu nennen, ist in den vergangenen Jahren die Unterscheidung von *primärer* und *sekundärer religiöser Erfahrung* (Thomas Sundermeier, Andreas Feldtkeller) eingeführt worden. Primäre religiöse Erfahrung stellt sich ein, wenn Menschen erkennen, dass sie nicht aus sich selbst leben, nicht aus sich heraus Kontinuität und Sinn gewährleisten können; sekundäre religiöse Erfahrung trägt einen expliziten Transzendenzbezug in diese primären Erfahrungen ein. Für Umbrüche im Lebenslauf heißt dies zum Beispiel: Die Geburt eines Kindes verweist auf das Wunder des Lebens und seine Zerbrechlichkeit. Die Sehnsucht des familiären Umfeldes danach, dass das Kind behütet und gesund aufwächst, ist groß, und es ist evident, dass die Erfüllung dieser Sehnsucht nicht allein in den Händen der sorgenden Eltern und der weiteren Familie liegt. Eine 39-jährige Ärztin blickt zurück auf die Taufe ihrer Tochter und sagt laut Gesprächsprotokoll: „Also zum Beispiel zur Taufe meiner Tochter [...] da hatte ich auch dieses, hatte ich irgendwo 'n ganz, äh, rührendes Gefühl dabei und daß ich doch, äh, das Gefühl hatte, daß es richtig is und wichtig is, ja doch, irgendwo doch mit dem Segen irgendwo durch's Leben zu gehen, mit dem Segen [...] Gottes" (zitiert bei Grethlein, 48). Die kirchliche Taufe hat die Chance, an die Sehnsüchte von Menschen anzuknüpfen und die primäre religiöse Erfahrung weiterzuführen in jenen Deutungsraum, der die Ebene der einzelnen Familie übersteigt und die Geschichte dieses Kindes einzeichnet in die Gottesgeschichte mit der Welt.

Bisher war die *individuelle Funktion* von Religion für Einzelne oder Familien im Blick, weniger hingegen die *kollektive Funktion* von Religion für Gemeinschaften, d. h. Staaten oder Gesellschaften. In der Tat wird diese in der gegenwärtigen Praktischen Theologie eher weniger diskutiert, obgleich sie nach wie vor existiert. So ist es aufschlussreich zu sehen, wie in den USA nach den Terroranschlägen vom 11.9.2001 die Erschütterung und Verunsicherung zu religiösen Feiern führte. Am Freitag, 14.9., waren die Moscheen, am Schabbat, 15.9., die Synagogen, am Sonntag, 16.9., die Kirchen über das Land hinweg bis auf die letzten Plätze gefüllt – und viele erwarteten Worte, die die Erschütterung mit dem Glauben an Gott und an das Weiterbestehen der Nation verbinden konnten. Aber auch jenseits von Katastrophen, die besondere Deutung verlangen, fungiert Religion (bei uns: die christliche Religion) noch immer als – inzwischen allerdings durchaus umstrittener – Garant für Werte sowie als Basis der Gesellschaft. Eidesleistungen werden meist noch als religiöse Eidesleistungen erbracht („... so wahr mir Gott helfe") und in Klassenzimmern in Bayern hängen (noch immer) Kreuze an der Wand.

kollektive Funktion von Religion

4. Wie findet Religion ihre Gestalt? –
Zur Ästhetik religiöser Erfahrung

Im Einleitungskapitel haben wir vier methodische Zugänge zur Praktischen Theologie unterschieden: biblisch-hermeneutisch, historisch, empirisch und ästhetisch (siehe 1). Wenn Sie diesem Kapitel bis hierher gefolgt sind, dann wird Ihnen aufgefallen sein, dass wir uns dem Thema Religion bislang vor allem historisch und empirisch genähert haben. Fragt man *ästhetisch*, so fällt der Blick auf Gestaltungen des Religiösen. Religion lebt nicht nur in Gedanken, sondern ebenso in Gefühlen und Hand-

Symbol und Ritual

lungen. Konstitutiv gehören Symbole und Rituale hinzu, wenn Religion praktisch wird. Unter *Symbolen* sind bildhafte Ausdrucksformen zu verstehen, die über das unmittelbar Erkennbare hinaus auf einen weiteren Sinn verweisen – und zwar so, dass dieses Weiterführende nicht einfach abstrakt entschlüsselt werden kann, als ob man das Symbol nicht mehr bräuchte, wenn es einmal erkannt ist. Sondern vielmehr so, dass das Symbol zum Träger dieses Anderen wird. Denken Sie z. B. an das etwas kindische Stofftier, das ein Liebender seiner Freundin vor dem Antritt eines Auslandssemesters schenkt. Dieses ist aufgeladen mit der Gegenwart des vermissten Freundes und wird gestreichelt oder gar geküsst werden. Denken Sie – im religiösen Kontext – an das Abendmahl. Brot und Wein sind nicht „nur" Symbol für Leib und Blut Christi. Nein, sie sind als Symbol selbst das, wofür sie stehen. – Wenn ein solcher komplexer Symbolbegriff im Spiel ist, dann sind Rituale leicht zu definieren. Sie setzen Symbole zu bestimmten Handlungsfolgen zusammen und können als „wiederholbare Handlungsmuster von symbolischem Charakter" (Jetter, 22) bestimmt werden.

religiöse Symbole

Wenden wir uns nun dem Symbol in seiner praktisch-theologischen Relevanz zu. In der „Leipziger Volkszeitung" fand sich in einer Traueranzeige vom 17.2.2006 anstelle eines explizit religiösen Symbols (Kreuz oder „Betende Hände") neben dem Namen des Verstorbenen ein Fußball. Die Angehörigen haben dies wohl nicht als ironische Durchbrechung gedacht oder als witzig-posthume Charakterisierung des verstorbenen Fußballfans, sondern eher als ernstgemeinten Verweis auf das, was für den Verstorbenen wichtig im Leben war, ihm Halt und Kraft und vielleicht auch Sinn gegeben hat.

Wo immer Religion Gestalt findet, tauchen Symbole auf. Aufschlussreich ist es, sich die Gestaltung von Wohnräumen unterschiedlicher Menschen anzusehen (Inken Mädler). Oft findet sich eine Nische oder Ecke, die ausgestattet ist mit Symbolen, die für die Bewohnerin oder den Bewohner eine besondere Funktion erfüllt, die über das Zweckmäßige hinausgeht. Da gibt es z. B. einen Winkel im Arbeitszimmer ausgestattet mit Artikeln aus dem Fanbedarf eines Fußballvereins oder eine Wand mit einem Kreuz und Bildchen mit erbaulichen Sprüchen. Oder da wird regelmäßig eine Kerze vor dem Bild einer Verstorbenen entzündet bzw. dieser Platz mit frischen Blumen versorgt. Die „materielle Kultur" ist voll von expliziten und impliziten religiösen Inszenierungen.

Das Ritual gilt alltagssprachlich meist als etwas Überkommenes, Einengendes. Seit vielen Jahren gewinnt demgegenüber in Psychologie und Theologie ein neues und positives Ritualverständnis Raum. Rituale werden psychologisch in ihrer Bedeutung für das Leben entdeckt. Vorgegebene Handlungsmuster sichern Erwartbarkeit und Beständigkeit und entlasten von der jeweils neuen Pflicht, sich selbst individuell und immer neu zu verhalten. So entdeckte Erik H. Erikson (1902–1994) die entwicklungspsychologische Bedeutung von Ritualen für die interpersonale Kommunikation – zunächst: für die Mutter-Kind-Beziehung. Durch die erwartbare Regelmäßigkeit wird Urvertrauen („basic trust") herausgebildet und bestätigt. Erving Goffman (1922–1982) betonte die Bedeutung von Ritualen für die alltägliche Kommunikation und das Miteinander von Menschen. Durch vorgegebene Rituale (etwa: Begrüßungsformeln) wird nicht nur die Gesellschaft stabilisiert, sondern auch das eigene Selbstbild („image") der Person. Inzwischen beschäftigt sich ein ganzer Zweig der Kulturwissenschaften, die sog. Ritual Studies, mit dem, was im Ritual geschieht. In diesem Zusammenhang können dann auch religiöse Rituale als für die einzelnen Individuen hilfreich wahrgenommen werden. So mag eine vertraute Segensformel im Gottesdienst Halt und Stabilität vermitteln, und das rituelle Handeln zur Beerdigung mit seinen festen Texten und Handlungsvollzügen (Kreuzeszeichen, Erdwurf …) die Betroffenen von der drängenden Frage entlasten, was denn nun getan werden müsse.

weltliche und religiöse Rituale

5. Welche Religion meinen wir? – Die Vielfalt der Religionen als Herausforderung

Schulgottesdienst in multireligiöser Landschaft

Gegenwärtig hat sich jede praktisch-theologische Reflexion auf Religion nicht nur mit Anfragen der vielfältigen Religionskritik, sondern auch mit der multi-religiösen Landschaft auseinanderzusetzen. Dies betrifft zum Beispiel das kirchlich verantwortete Handeln auf dem Gebiet der Religionspädagogik. Noch vor einigen Jahrzehnten konnte auch in den Großstädten Westdeutschlands noch recht problemlos ein christlicher Gottesdienst zur Einschulung der Erstklässler gefeiert werden. Was aber ist zu tun, wenn unter den Eingeschulten zahlreiche Moslems, der eine oder andere Jude ist und viele gar keiner Religionsgemeinschaft angehören? Soll dann ein christlicher Gottesdienst gefeiert werden, zu dem nur die christlichen Schüler mit ihren Eltern eingeladen werden? Oder sollen alle zum christlichen Gottesdienst eingeladen werden, weil man davon ausgeht, dass das Christentum noch immer zur „Leitkultur" (so ein problematischer Begriff aus dem konservativen politischen Lager) gehört? Oder soll man eine multi-religiöse Feier anbieten, welche die drei großen monotheistischen Religionen Judentum, Christentum, Islam verbindet und die die Bezeichnung „Gottesdienst" bewusst vermeidet? Oder soll besser auf eine religiöse Feier verzichtet und eine weltliche Schulfeier gestaltet werden? – Inzwischen gibt es einige kirchliche Handreichungen mit Hinweisen zu multi-religiös gestalteten Feiern zur Einschulung, die eine kritische Betrachtung lohnen.

6. Wie reagiert Kirche auf Religion? – Das Beispiel der Kasualien

Kirche und Religion(en)

Die Kirchen sind angesichts der neuen religiösen Situation herausgefordert, (1) Religion als menschliches Phänomen wahrzunehmen und genau zu fragen, wie Menschen ihre Religion verstehen und leben, (2) die faktische Pluralität der Religionen wahrzunehmen und entsprechend zu agieren. Dabei ist sowohl die Grundlegung der Praktischen Theologie betroffen, weil gefragt werden muss, was Menschen der Gegenwart glauben und hoffen und wie sich christlicher Glaube mit seinen Traditionen,

Symbolen und Ritualen dazu verhält. Andererseits ist jedes einzelne der Handlungsfelder der Praktischen Theologie herausgefordert, Religion als Thema zu reflektieren. Im Folgenden greifen wir abschließend nur einen Bereich exemplarisch heraus.

Seit das Thema Religion im neueren praktisch-theologischen Diskurs bedacht wird, nimmt auch die Bedeutung einer Reflexion auf die sogenannten Kasualien zu (von lat. *casus* = Fall). Es geht um das, was im Leben einzelner Menschen der „Fall" ist, und darum, wie Kirche damit umgeht. Bei den vier klassischen Kasualien Taufe, Konfirmation, Trauung und Beerdigung haben Kirchen seit Jahrhunderten Rituale entwickelt, die Menschen auf dem Weg des Übergangs begleiten und die in Zeiten des Umbruchs stabilisieren, entlasten und orientieren. In den vergangenen Jahrzehnten wurde zunehmend klar, dass Kasualien für viele Kirchenmitglieder der wesentliche Kontaktpunkt zur Kirche sind. Ihre Religiosität kann daher als lebenszyklisch bezeichnet werden. In einer wegen ihrer erfrischenden Polemik und theologischen Verve noch immer lesenswerten kleinen Schrift hatte der Praktische Theologe Rudolf Bohren (geb. 1920) vor fast 50 Jahren den kirchlichen Umgang mit den Kasualien scharf kritisiert. Er warf Pfarrerinnen und Pfarrern vor, sie würden die Kasualien instrumentalisieren, indem sie sie als „missionarische Gelegenheit" verstünden, bei denen ihnen endlich einmal Menschen „vor die Flinte kommen", die sich ansonsten nie in der Kirche sehen lassen. Dieses Verhalten entwürdige die unregelmäßigen Gottesdienstbesucher und es führe zu einer theologischen Verwahrlosung des Redens im Kontext der Kasualien. Man würde nämlich als Pfarrer vieles tun, um den Leuten nach dem Mund zu reden. Es komme zur „Baalisierung" der Gottesrede, d. h. Gott werde – wie der kanaanäische Gott Baal – zum Garanten für Gelingen und Erfolg gemacht. Bohren plädiert angesichts dieser Misere für weitreichende kirchliche Abstinenz und möchte die Kasualien am liebsten dorthin verlagern, wo sie seines Erachtens ihren legitimen Ort haben: in die Familien.

Die schroffe Antithese Bohrens bleibt als kritisches Korrektiv wichtig, muss aber in ihrer Radikalität hinterfragt werden. So verstand Manfred Seitz die Kasualien zwar nicht als „missio-

Baalisierung der Kasualien?

Kasualien als Segensraum

narische", aber eben doch als „gottesdienstliche Gelegenheiten". Menschen kämen in die Kirche, wo sich im gottesdienstlichen Handeln die Aufgabe stelle, den erlebten Zu-Fall in Gnade zu verwandeln. Es gehe darum, die Erwartungen, Befürchtungen und Hoffnungen auf- und ernst zu nehmen und mit der christlichen Tradition sowie ihren Symbolen und Ritualen zu verbinden. Ulrike Wagner-Rau prägte das Bild der Kasualien als „Segensraum" – als Raum, in den Menschen eintreten, ihr Leben neu deuten können und in dem auch das Fragmentarische des eigenen Lebens seinen Platz hat.

Kasualien und die Handlungsfelder der Praktischen Theologie

Bei dieser Aufgabe verbinden sich exemplarisch die unterschiedlichen Handlungsfelder der Praktischen Theologie: Bei einem Gespräch vor Taufe, Trauung oder Beerdigung ist die Poimenik herausgefordert. Für die Gestaltung der Kasualie selbst ist liturgisch und homiletisch zu fragen: Liturgisch geht es etwa darum, inwiefern die traditionelle Vorgabe der kirchlichen Agende verwendet oder modifiziert werden soll. Soll z. B. dem Wunsch von Angehörigen, ein Stück Pop-Musik in den Ablauf einer Beerdigung einzubinden, entsprochen werden? Homiletisch gilt es zu fragen, mit welchen Worten die individuelle Lebensgeschichte mit dem, was theologisch im Mittelpunkt steht und durch das Ritual repräsentiert wird, verknüpft werden kann. Dass es bei Kasualien nicht zuletzt auch eine pädagogische Dimension gibt, liegt ebenfalls auf der Hand. Vor allem die Konfirmation kennt eine ausgeprägte Vorbereitungszeit, die als nachgeholte Taufunterweisung verstanden werden kann.

neue Kasualien

Bislang gingen die Überlegungen zu den Kasualien von den vier klassischen Kasualien aus. Daneben wurde immer wieder gefragt, ob nicht auch neue Kasualien bedacht werden müssten, um der Vielfalt von Lebensformen zu entsprechen. Besonders umstritten sind dabei kirchliche Handlungen bei Scheidungen und angesichts neuer Formen des Zusammenlebens (z. B. Segnung homosexueller Paare). Gefragt werden kann aber auch, ob nicht Einschnitte im Lebenslauf – wie etwa die Pensionierung – als Umbrüche verstanden werden können, die zu kasueller Begleitung nötigen. Ebenso wird der oben bereits diskutierte Gottesdienst zum Eintritt in die Schule von vielen Praktischen

Theologen als Kasualgottesdienst interpretiert. Und nicht zuletzt kann auch der Heilige Abend als, allerdings jährlich wiederkehrender, Kasus verstanden werden, der eine spezifische Reflexion auf das Miteinander von individueller Religiosität und kirchlichem Ritual nötig macht – eine Reflexion, die der Praktischen Theologie grundlegend aufgegeben ist, wenn sie sich mit Religion auseinandersetzt.

Fragen:

1. Rekapitulieren Sie die Inhalte dieses Kapitels zum Thema Religion, indem sie es nach den vier verschiedenen Zugängen strukturieren und fragen: Inwiefern tragen *historische, empirische, ästhetische und biblische Ansätze* dazu bei, das in Frage stehende Phänomen zu beschreiben? Wo stimmen die vier Ansätze in ihrer Wahrnehmung der Phänomene überein, wo gibt es markante Differenzen und entsprechende Herausforderungen?

2. Nach dem Grundgesetz (Art. 7 Abs. 3) ist ein konfessioneller Religionsunterricht vorgesehen. Inzwischen stellt sich angesichts der multi-religiösen Situation die Frage, ob dieser noch Sinn macht oder nicht durch einen allgemein werteerziehenden Ethikunterricht ersetzt werden sollte. In Berlin scheiterte im April 2009 das Volksbegehren „Pro Reli", das sich für die Einführung eines ordentlichen Lehrfachs Religion im Rahmen einer Fächergruppe Ethik/Religion aussprach, das es bislang aufgrund der besonderen verfassungsrechtlichen Situation in Berlin nicht gibt. Recherchieren Sie im Internet und sammeln Sie Argumente für und gegen einen konfessionellen Religionsunterricht!

3. „Religion ist Privatsache!" – Diskutieren Sie dieses oft gehörte Statement in praktisch-theologischer Perspektive. Berücksichtigen Sie dabei besonders die Frage der religiösen Sozialisation sowie die Bedeutung von Kasualien im Lebenslauf von Menschen.

Fragen

3.3 Kirche

1. Kirche in praktisch-theologischer Wahrnehmung

Grundspannungen

„Jesus kündete das Reich Gottes an, und gekommen ist die Kirche" – diese berühmte Einschätzung Alfred Loisys aus dem Jahr 1902 wird gelegentlich zitiert, wenn es um die Spannung zwischen Anspruch und Wirklichkeit der Kirche geht. Auch wenn es der katholische Modernist nicht in erster Linie kirchenkritisch oder gar spöttisch meinte, wird das Zitat bis heute in einem resignativen Sinn gebraucht: Anstelle der erwarteten neuen, durch Gott verwandelten Welt ist etwas ganz Irdisches gekommen: die Kirche, deren Handeln oftmals im Widerspruch steht zur Bergpredigt, zur Lebenspraxis Jesu oder zu den Erwartungen, die der Apostel Paulus in seinen Briefen formuliert hat. Zu wenig solidarisch sei die Kirche heute, zu stark mit sich selbst beschäftigt und zu stark den wirtschaftlichen Zwängen ausgeliefert, so lauten gängige Typen der Kirchenkritik. Neben diese Spannung zwischen dem christlichen Ideal und der kirchlichen Realität ist vor allem in den letzten Jahrzehnten eine weitere getreten: das oben beschriebene Auseinanderdriften von Religion und Kirche (siehe 3.2.1).

Aufbau des Kapitels

Die Praktische Theologie muss sich mit den genannten Spannungen auseinandersetzen, wenn sie „Kirche" reflektiert, und auch der Aufbau des ersten Teils dieses Kapitels orientiert sich daran: Nach einem Blick auf biblische Bilder und praktisch-theologische Konzepte, die versuchen zu beschreiben, wie Kirche sein *soll* (3.3.2), folgt eine stärker sozialwissenschaftliche Bestandsaufnahme der gegenwärtigen kirchlichen Lage (3.3.3). Der letzte Teil zeichnet die Debatte um das Berufsverständnis von Pfarrerinnen und Pfarrern als zentralen Repräsentanten der Kirche nach (3.3.4). Ein kurzer Ausblick wird sich mit der Reform der Kirche beschäftigen, wie sie gegenwärtig eingefordert wird (3.3.5).

Dogmatik und Kirchentheorie

Wie generell in der Praktischen Theologie müssen auch bei der Wahrnehmung der Kirche biblisch-hermeneutische und empirische Zugänge (neben historischen Erkundungen und ästhetischen Wahrnehmungen) in gleichem Maße berücksichtigt werden. Es gilt also zu fragen: Wie soll Kirche aus theologischen Gründen sein, wie ist die Kirche und was erwarten die Menschen heute von ihr? Im Rahmen der übrigen theologischen Disziplinen ist die Praktische Theologie dabei untrennbar mit der Ekklesiologie als der Lehre von der Kirche aus dem Bereich der Systematischen Theologie verknüpft. In neuerer Zeit hat sich für die theologische Reflexion der Kirche zwischen Praktischer und Systematischer Theologie der Begriff der „Kirchentheorie" eingebürgert. Dabei ist die Dogmatik einerseits auf Ergebnisse der empirischen Sozialforschung angewiesen, insbesondere der Kirchen- und Religionssoziologie, um nicht einseitig ein Kirchenverständnis zu vertreten, das den Ansprüchen und religiösen Vorstellungen ihrer Mitglieder nicht gerecht wird. In gleichem Maß benötigt die Praktische Theologie den Dialog mit der Dogmatik, um ein Kirchenverständnis zu korrigieren, das zu stark durch Meinungen und Stimmungen der jeweiligen Zeit geprägt ist. Gleichzeitig ist dieses insofern entlastend, als die Dogmatik der Kirche sagt, dass sie sich nicht ständig neu erfinden und ihre Zukunft nicht aus sich selbst heraus garantieren muss.

2. Biblische Bilder und praktisch-theologische Konzepte

Trotz ihrer Verbundenheit zum jüdischen Glauben knüpften die ersten Christen weniger an den Begriff der Synagoge (gr. Zusammenkunft) an, sondern verstanden sich als Menschen, die von Gott als „ecclesia" aus der Welt „herausgerufen" werden, in Ableitung des griechischen Tätigkeitswortes „ekkalein". Auch die deutsche Bezeichnung Kirche ist der griechischen Sprache entnommen. So meint „kyriakon" das zum Herrn gehörende Haus. Für die Gemeinschaft der frühen Christen finden sich im Neuen Testament eine Reihe von Bildern, zum Beispiel der „Leib Christi" (u. a. 1Kor 10,17), das „Haus Gottes" (Hebr 10,21) bzw. der „Tempel Gottes" (2Kor 6,16) oder das aus dem Alten Testament stammende Bild vom „wandernden Gottesvolk" (Hebr 3,7–4,11). Die biblischen Bilder verweisen auf unterschiedliche Aspekte des praktisch-theologischen Nachdenkens über Kirche. Beschreibt zum Beispiel die Metapher des (nicht teilbaren) Körpers die ökumenische Einheit der Christen, so erweist sich das

Kirchenverständnis der frühen Christen

Bild vom wandernden Gottesvolk als tragfähig in der Diskussion um die Zukunftsfähigkeit der kirchlichen Strukturen, ermahnt zur Flexibilität und ermutigt zur Suche nach neuen Orten des kirchlichen Handelns. Erste Ansätze zu einer ausgeführten Ekklesiologie liefert Paulus, wenn er den Geist Gottes als konstituierende Macht einstuft, welche zur Gemeinde ruft und sie zugleich bildet (vgl. Röm 8,14–17). Durch die Taufe und das Abendmahl werden die einzelnen Christen nach Paulus als „Heilige" (1Kor 1,2) dem Leib Christi im wörtlichen Sinn an-ge-gliedert (1Kor 12,13). Das apostolische Glaubensbekenntnis („Credo" = lat. „ich glaube") aus dem zweiten Jahrhundert, welches heute in vielen Gottesdiensten gesprochen wird, benennt die Einheit, Heiligkeit, Katholizität (im Sinne einer allumfassenden, nach Vollendung strebenden Kirche) und Apostolizität (der Lehre der Apostel entsprechend) als wesentliche Eigenschaften der Kirche.

sichtbare und unsichtbare Kirche

Nun würde sich bis heute kaum ein Christ anmaßen, in seinem Tun und Lassen als „heilig" bezeichnet zu werden, und nicht erst die Spaltung in evangelische und katholische Christen steht – trotz aller ökumenischer Bemühungen – in Spannung zur Einheit des Glaubensbekenntnisses. Der Kirchenvater Augustin (354–430) unterschied deshalb zwischen einer wahren und einer uneigentlichen, irdischen Kirche: Die Heiligkeit der wahren, unsichtbaren Kirche sei dabei verborgen in der irdischen, sichtbaren Kirche. Auch für Martin Luther ist die wahre Kirche zwar unter der irdischen verborgen, aber in ihr dennoch erkennbar. Als sichtbare Zeichen der Kirche nach lutherischem Verständnis dienen die Verkündigung des Wortes Gottes und die Verwaltung der Sakramente (Artikel 7 des Augsburger Bekenntnisses). Die sichtbare Kirche wird zentral über den Gottesdienst bestimmt. Dies hat der Definition den Vorwurf eines „minimalistischen Kirchenverständnisses" eingebracht, weil die Formel nichts über den Ursprung der Kirche, ihre Organisation und vor allem nichts über ihren sozialen und politischen Auftrag aussage. In der gegenwärtigen Diskussion trifft die klassische Unterscheidung zwischen einer sichtbaren und einer unsichtbaren Kirche durchaus den Gegensatz zwischen der wissenschaftlich erfassbaren Kirche einerseits und der geglaubten Kirche andererseits, die dieser menschlichen Erkenntnis notwendig entzogen und doch untrennbar auf sie bezogen ist.

Dass die Debatte um das Profil der Kirche in praktisch-theologischer Perspektive bis heute leidenschaftlich geführt wird, hängt mit der evangelischen Grundauffassung zusammen, wonach sich die Kirche stets neu reformieren müsse („ecclesia semper reformanda") – auch 500 Jahre nach der Epoche der Reformation. Einen besonderen Nachhall bei der Wesensbestimmung der Kirche hat bis heute die von Ernst Lange in den 1960er-Jahren geprägte Formel der „Kommunikation des Evangeliums" gefunden. So definiert zum Beispiel Reiner Preul die Kirche als „System der Kommunikation des christlichen Wirklichkeitsverständnisses" (153). Ernst Lange war wichtig, dass sich die religiöse Kommunikation nicht nur in der Predigt, sondern im gesamten Reden und Tun der Kirche zeige. Sein Experiment der „Ladenkirche" wurde zu einem der meistbeachteten Reformprojekte der evangelischen Kirche und gilt als Meilenstein auf dem Gebiet des Gemeindeaufbaus. In dieser „Ladenkirche", einem geringfügig umgebauten ehemaligen Bäckerladen, feierte Lange Gottesdienste, hielt Gemeindeabende, organisierte aber auch das soziale Engagement. Ihm war es dabei wichtig, die Schwelle zwischen der Lebenswirklichkeit der Menschen und der Kirche so niedrig wie möglich zu halten.

Kommunikation des Evangeliums

3. Empirische und sozialwissenschaftliche Bestandsaufnahmen

Die „Krise der Volkskirche" oder der „Abschied von der Volkskirche" werden immer wieder beschworen, wenn es um die Wahrnehmung der gesellschaftlichen Realität der Kirche geht. Der zurückgehende Kirchgang oder das schwindende Kirchensteueraufkommen werden häufig als Belege für diese These angeführt. Doch bereits der Begriff der „Volkskirche" ist nicht unumstritten. Ein nationales Verständnis im Sinne der Kirche *eines* Volkes bzw. einer Nation wird heute aus guten Gründen nicht mehr vertreten; vor allem, weil es im Nationalsozialismus mit seiner Gleichsetzung von deutsch, christlich und national und dem Glauben an eine Offenbarung Gottes in der deutschen Nation pervertiert wurde. Hilfreicher, aber dennoch problematisch

„Volkskirche"

ist der Begriff dagegen in seiner Bedeutung als Kirche *für* das Volk im Sinne einer dienenden Institution, die vor allem eine umfassende pfarramtliche Versorgung bietet und dabei auch einen Öffentlichkeits*anspruch* besitzt. Freilich kann eben diese Grundversorgung zunehmend nicht mehr geleistet werden, wenn etwa in Mecklenburg ein einziger Pfarrer für acht Gemeinden und acht Dorfkirchen zuständig ist. Vor allem aber bezieht sich die Bezeichnung Volkskirche auf den Umstand, dass der Einzelne mehrheitlich traditionell in die Kirche hineingeboren bzw. wenige Monate später getauft wird und somit auf Grundlage der konfessionellen Familientradition Kirchenmitglied wird. Die Entwicklung der Kirchenmitgliedschaftsstatistik hat seit den 1990er-Jahren die Debatte angeheizt, ob die Bezeichnung Volkskirche in diesem Sinn überhaupt noch die konfessionelle Wirklichkeit in Deutschland widerspiegelt. Vor allem gilt dies für die Situation in Ostdeutschland, wo im Jahr 2006 nur etwa ein Viertel der Bevölkerung Mitglied einer christlichen Kirche war. – Insgesamt muss jedoch berücksichtigt werden, dass für den Rückgang der Mitgliederzahlen nicht nur die Kirchenaustritte eine Rolle spielen, sondern in gleichem Maße auch die demographische Entwicklung in Deutschland: So sterben schlicht mehr alte Menschen als Kinder getauft werden. 338.068 Beerdigungen standen im genannten Jahr nur 213.077 Taufen in der evangelischen Kirche gegenüber.

Milieutheorie

Vielleicht haben Sie sich auch schon einmal gefragt, warum die Menschen, die mit Ihnen in den Kirchenbänken sitzen, oft einen so ähnlichen Eindruck machen – egal, ob in der Vorstadtgemeinde oder einige Dörfer weiter auf dem Land. Zur Beantwortung könnte die sogenannte Milieutheorie helfen: Bereits in den 1950er-Jahren wurde von einer „Milieuverengung" der Kirche gesprochen und kritisiert, in welchem Ausmaß die kirchlichen Angebote auf ein ganz bestimmtes gesellschaftliches Milieu ausgerichtet seien, nämlich auf das sogenannte Kleinbürgertum. Dass vor allem der Protestantismus Schwierigkeiten hat, auch andere Zielgruppen zu erreichen, z. B. die traditionelle Arbeiterklasse, ist ein Phänomen, das bis in die Anfänge der Industrialisierung zurückgeht. Bis in die Zeit der Aufklärung lässt sich die Skepsis gebildeter Kreise gegenüber der Institution Kirche und deren religiöser Lehre zurückverfolgen. Nicht ohne Grund richteten sich die berühmten Reden Friedrich Schleiermachers „Über die Religion" (1799) an die „Gebildeten unter ihren Verächtern". Die Milieutheorie geht davon aus, dass die Menschen in ihrer Werteorientierung, in ihren Einstellungen und in ihren Handlungen wesentlich durch Einflüsse ihrer sozialen Umwelt, sprich ihres Milieus, geprägt und beeinflussbar sind. Der Vorteil der Milieutheorie liegt vor allem darin, dass sie ein Bild der Gesellschaft zeichnet, für das nicht eine Abstufung sozialer Schichten ausschlaggebend ist, sondern ein differenziertes Miteinander und Nebeneinander verschiedener sozialer Milieus.

Die Frage, in welcher Gesellschaft wir eigentlich leben, ist für die praktisch-theologische Wahrnehmung der Kirche entscheidend. Antworten geben Soziologen. Vor gut zehn Jahren entwickelte Gerhard Schulze das viel beachtete Modell der „Erlebnisgesellschaft". Die Grundthese: Für die Menschen der Gegenwart geht es nicht mehr um das bloße Überleben, nicht mehr um elementare Bedürfnisbefriedigung, sondern um den Erlebniswert des Lebens. In der Erlebnisgesellschaft sind vor allem das individuelle Lebensgefühl und die Lebensweise ausschlaggebend. Schulze unterscheidet fünf verschiedene Milieus, drei der älteren und zwei der jüngeren Bevölkerung. Genießen diejenigen, die zum Niveaumilieu gerechnet werden, stärker eine Kunstausstellung oder ein Klavierkonzert, so vermag das Harmoniemilieu eher der Lektüre eines Arztromans oder dem Hören von Blasmusik eine Erlebnisqualität abzugewinnen. Auch die religiöse wie kirchliche Orientierung ist gegenwärtig zunehmend erlebnisorientiert. Kein Wunder, dass zum Beispiel zeitlich begrenzte Events wie der Deutsche Evangelische Kirchentag oder der katholische Weltjugendtag teilweise auf größere Resonanz stoßen als die kontinuierliche Mitarbeit in der kirchlichen Jugendarbeit. Im Folgenden zeigt eine Grafik die unterschiedlichen Milieus der Erlebnisgesellschaft. Dabei betreffen die letzten beiden Milieus vor allem die Jugendlichen und jungen Erwachsenen.

„Erlebnisgesellschaft"

Was trägt die skizzierte Milieutheorie für die Praktische Theologie und die Kirche aus? Zunächst muss berücksichtigt werden,

	Problemdefinition: Zentral ist das Streben nach ...	Lebensphilosophie: Leitwert ist die ...	Genuss-Schema: Am meisten Genuss bietet die ...
Niveaumilieu	Spitzenrang	Perfektion	Kontemplation
Harmoniemilieu	Geborgenheit	Harmonie	Gemütlichkeit
Integrationsmilieu	Konformität	Perfektion & Harmonie	Gemütlichkeit & Kontemplation
Selbstverwirklichungsmilieu	Selbstvervollkommnung	Ich-Orientierung & Perfektion	„action" & Kontemplation
Unterhaltungsmilieu	Stimulation	Ich-Orientierung	„action"

Lebensstile und distanzierte Kirchlichkeit

dass Milieus nie trennscharf sind und die Bildung statistischer Gruppen immer zulasten der individuellen Lebenswirklichkeit geht. Zur Beschäftigung mit der Frage, für welche *Zielgruppen* die Kirche welche Angebote macht, ist ein Rekurs auf die gängigen Milieus dennoch hilfreich. So ermittelt die Evangelische Kirche in Deutschland (EKD) in ihrer jüngsten Erhebung über Kirchlichkeit und Religiosität ihrer unterschiedlichen Zielgruppen sechs Lebensstile und benennt diese als hochkulturell-traditionsorientiert, gesellig-traditionsorientiert, jugendkulturell-modern, hochkulturell-modern, Do-it-yourself geprägt modern sowie als traditionsorientiert-unauffällig. Setzt zum Beispiel der hochkulturell-traditionell geprägte Kirchenvorsteher auf einen gehobenen Lebensstil bei gleichzeitiger Naturverbundenheit, so grenzt sich der jugendkulturell-moderne Lebensstil des in der Kirche frisch getrauten Paares bewusst von der Hochkultur ab, zieht den Kinobesuch dem gesellschaftlichen Engagement vor und verzichtet nach der Hochzeit bis auf Weiteres auf den Kirchgang. Ergebnis: Die Kirchenmitglieder nutzen die kirchlichen Angebote in einer Weise, die ihren alltäglichen Vorlieben und Lebensgewohnheiten entspricht. Zwar gibt es Kirchenbindungen in sämtlichen Milieus, doch vor allem bei Jugendlichen und jungen Erwachsenen sind diese nur wenig ausgeprägt. Eine Schlussfolgerung für das kirchliche Handeln könnte darin liegen, gezielt Angebote für diese kirchenfremden Milieus anzubieten. Doch Vorsicht: Die möglichst intensive Inanspruchnahme kirchlicher Angebote muss nicht das unumschränkte Ziel des kirchlichen Handeln sein. Vielmehr gilt es, die oftmals als defizitär abgewertete distanzierte oder „lediglich" lebenszyklische (siehe 3.2.3) Kirchlichkeit als eine legitime Form der Kirchenmitgliedschaft zu respektieren und damit zugleich die Unverfügbarkeit der Mitgliedschaftsbeziehungen anzuerkennen. Dies allerdings ist nicht unumstritten. Vor allem die Vertreter evangelistischer Gemeindeaufbaukonzepte (siehe 2.6.4) kritisieren es als geradezu „furchtbare Verkehrung, wenn Theologie oder gar Kirche den Menschen einreden, ihre [...] Distanz sei auch eine Möglichkeit, Christ zu sein", und fordern stattdessen eine „Grundentscheidung für Jesus Christus, eine ganzheitliche Umkehr zu ihm und seinem Leib, der Gemeinde" (Herbst, 135).

4. Die Suche nach der pastoralen Identität

Ein Arzt heilt, ein Richter richtet, ein Lehrer bildet. Was aber ist die Kernaufgabe eines Pfarrers? Bereits die traditionelle Formulierung, der Pfarrer verkündigt das Wort Gottes, ist weniger eindeutig, als es auf den ersten Blick erscheinen mag. Denn was bedeutet Verkündigung gegenwärtig? Ist damit nur an jene Orte gedacht, an denen das biblische „Wort Gottes" ausdrücklich zur Sprache kommt, zum Beispiel in der Predigt auf der Kanzel, in der Andacht beim Seniorennachmittag oder bei der Unterrichtseinheit zum Thema Jesus von Nazareth im Religionsunterricht? Oder kann Verkündigung auch im persönlichen diakonischen Einsatz für einsame oder kranke Menschen, die vielleicht gar nicht zur Kerngemeinde gehören, *praktiziert* werden? Vor allem aber gibt es neben dem Verkündigungsauftrag eine ganze Menge weiterer Erwartungen, die an den Pfarrer herangetragen werden: So kann holzschnittartig vom Pfarrer als Gelehrtem, als Sozialarbeiter, als fürsorglichem Pädagogen, als Gemeindemanager, als Seelsorger oder schlicht als gutem Mitmenschen gesprochen werden, wie er zum Beispiel in den zahlreichen Pfarrerserien der 1990er-Jahre im Fernsehen wahrgenommen wurde (siehe 3.5.3).

Was ist der Pfarrer?

Die Auflistung zeigt, dass zur Beschreibung des pastoralen Berufsverständnisses immer wieder andere Berufe als Analogien herangezogen werden. Was also ist das „Proprium" (lat. das „Eigentliche") des pastoralen Berufes?

Pfarrer als Erzieher, Lehrer und Gelehrter

Manche der zitierten Bilder und Berufsanalogien für das pastorale Handeln begegnen bereits in der Bibel und wurzeln vor allem in der neutestamentlichen Bildersprache – auch die Bezeichnung Pastor (lat. Hirte) ist eine solche und knüpft an die johanneische Bezeichnung Jesu als „guter Hirte" (Joh 10,11) an. Anfangs hatte der Pastor noch nicht jene dominierende Stellung in der Gemeinde, die er heute faktisch besitzt. So habe Christus „etliche zu Aposteln gesetzt, etliche zu Propheten, etliche zu Evangelisten, etliche zu Hirten und Lehren", heißt es im Epheserbrief (Eph 4, 11). Später schmolzen die genannten Größen zu dem *einen* Beruf des Geistlichen zusammen. Die Bestimmung der pastoralen *Kern*aufgabe hing vor allem im Protestantismus stark vom jeweiligen geistesgeschichtlichen Klima ab: So favorisierte die Aufklärung den Pfarrer vor allem als nützlichen *Erzieher* und *Lehrer* des Volkes. Damals lehrten evangelische Pfarrer teilweise die Prinzipien des Ackerbaus und der Staatsbürgerkunde und referierten in der Sonntagspredigt als der einzigen Bildungsveranstaltung auf dem Lande über medizinische Vorsorge und Kindererziehung. Eng verknüpft mit der Funktion des Lehrenden war und ist bis heute das Bild vom Pfarrer als *Gelehrten*. Bereits der schwarze Talar als Ausdruck akademischer Würden (eingeführt 1811) deutet in den meisten evangelischen Gottesdiensten in Deutschland unübersehbar darauf hin. In der Selbst- wie Fremdwahrnehmung des Pfarrers ist das Bild des Gelehrten heute deutlich in den Hintergrund getreten, weil es zu oft die Vorstellung vom lebensfernen Geistlichen in der Studierstube beinhaltet.

Pfarrer als Arzt, Seelsorger und Sozialarbeiter

Neben der Lehre gehört zum Pfarrberuf auch seine helfende Funktion. Karl-Wilhelm Dahm hat als die beiden Funktionsbereiche der Kirche die „lehrende Darstellung und Vermittlung grundlegender Sinnsysteme" sowie die „helfende Begleitung in Krisensituationen und Knotenpunkten des Lebens" beschrieben. In der neuzeitlichen Kirchengeschichte konnte sich mancher

Pfarrer sogar als *Arzt* verstehen: So diente das Pfarrhaus teilweise als eine Art medizinischer Vorposten auf dem Lande oder als Schulhaus auf dem Gebiet der Krankenpflege. Heute wird das Bild des Arztes nur noch im Sinne des *Seelsorgers* verwendet. Vor allem auf dem Gebiet der Psychotherapie nahmen Pastoraltheologen in der zweiten Hälfte des 20. Jahrhunderts intensiv Anteil an den Erkenntnissen der Humanwissenschaften (siehe 2.4). Lange vor dem heutigen Beruf eines *Sozialarbeiters* waren Pfarrer schließlich als Helfer für Menschen mit sozialen Problemen aktiv. Dabei waren es jedoch häufig einzelne herausragende Persönlichkeiten wie Johann Hinrich Wichern, welche die Kirche und deren pastorale Amtsträger an ihre soziale Verantwortung erinnerten (siehe 2.7.2). Vor allem die Institution des evangelischen Pfarrhauses erwies sich unter der Regie der Pfarrfrau nicht selten als Auffangbecken, über das der Lyriker Reiner Kunze zu DDR-Zeiten aufgrund eigener Erfahrung anerkennend schrieb: „Pfarrhaus / Wer da bedrängt ist, / findet Mauern, ein Dach und / muss nicht beten".

Das Pfarrhaus als eine Art religiöser Praxis, die das berufliche und das private Leben miteinander verzahnt, wird heute zunehmend als nicht mehr realisierbares Ideal zurückgewiesen. Vor allem aber üben Pfarrer Kritik an einem Berufsbild, das sie als moralisches wie religiöses Vorbild zeichnet. „Pfarrersein als Lebensform" wird heute von vielen Pfarrern als Überforderung gesehen und dafür stärker der Pfarrer als normaler Beruf herausgestellt. Isolde Karle definiert den Pfarrberuf ausdrücklich als *Profession* und stellt ihn eine Reihe mit den anderen klassischen Professionen des Richters, des Arztes oder des Lehrers. Gemeinsam sei diesen der Bezug auf „zentrale Fragen und Probleme menschlichen Lebens in der Gesellschaft wie Krankheit, Schuld und Seelenheil" – beim Pfarrer sei dies der Glaube als „Sachthematik" – sowie die unerlässliche persönliche Begegnung im Sinne einer Face-to-Face-Kommunikation. Dabei müssten sich die Pfarrer, wie Vertreter anderer Professionen auch, jedoch zwangsläufig bestimmten Verhaltenszumutungen im individuellen Leben stellen: zum Beispiel dem Verzicht auf geregelte Arbeitszeiten und einer intensiven Präsenz in der Öffentlichkeit.

Pfarrberuf als Profession

Pfarrer als Repräsentant des Heiligen

„Der Pfarrer als Führer ins Heilige" – diese Maxime von Manfred Josuttis steht im Mittelpunkt eines anderen, gegenwärtig stark beachteten Entwurfes zum pastoralen Berufsverständnis. Das Heilige sei jene Realität, welche das spezifische Berufsfeld eines Pfarrers ausmache, jeder Pfarrer repräsentiere dieses Heilige und sei damit so etwas wie ein religiöses Symbol (siehe 2.9.2). Im Gegensatz zur pastoralen Einordnung in eine Reihe mit anderen Professionen stellt Josuttis fest und fordert zugleich: „Der Pfarrer ist anders" (1982). Erheblich wichtiger als die wissenschaftliche Kompetenz sei die spirituelle Praxis; im Zentrum pastoraler Tätigkeiten stehe deshalb der Gottesdienst. Beruf und Privatleben seien nicht zu trennen; vielmehr müsse jeder Pfarrer „selbst ein Leben führen, das von der Heilsmacht Gottes geprägt ist" – eine Forderung, die Josuttis den Vorwurf eingebracht hat, er würde den Pfarrberuf erneut überfordern. Zu würdigen ist jedoch, dass Josuttis den Versuch unternimmt, die geistliche Existenz des Pfarrers angemessen zu berücksichtigen.

Zentralstellung des Pfarrers?

Die Reformation hat im evangelischen Bereich zu einer Entsakralisierung der geistlichen Berufsrolle des Pfarrers geführt. So bedurften die Gläubigen nicht mehr des Priesters als vermittelnder Instanz zu Gott. Vielmehr sei der Pfarrer mit Martin Luther lediglich ein „Amtmann", der die Wortverkündigung und die Sakramente zu verwalten habe. Luthers revolutionäre Idee eines „Priestertums aller Gläubigen" hat sich jedoch in der Praxis nicht durchgesetzt, vielmehr behielt der evangelische Pfarrer seine Position als Gegenüber zur Gemeinde bis in die Gegenwart. Die gegenwärtigen Konzeptionen des Pfarrers als Führer ins Heilige bzw. des Pfarrberufes als Profession unterstreichen dessen Zentralstellung deutlich. Die Frage ist freilich, ob die pastorale Sonderstellung theologisch wünschenswert und künftig überhaupt noch flächendeckend finanzierbar ist. Eine Alternative bietet zum Beispiel das Modell „kirchlicher Orte" (Pohl-Patalong), welches die pastorale Tätigkeit übergemeindlich ausrichtet und besonderen inhaltlichen Arbeitsbereichen wie Bildungsarbeit oder Beratung zuordnet. In der traditionellen Ortsgemeinde sollten dafür vermehrt Vertreter anderer kirchlicher Berufsgruppen (Gemeindepädagogen, Diakone, Kirchenmusiker etc.) sowie Ehrenamtliche auf vereinsähnlicher Basis kirchliche Angebote machen, um den Pfarrer zu entlasten.

5. Der Wunsch nach einer Reform der Kirche

„Kirche, wo bist Du?" So lautet ein anklagender Buchtitel aus der Feder Christian Nürnbergers. Der streitbare Publizist wirft der Kirche in einer persönlichen Abrechnung eine falsch verstandene Weltlichkeit vor. Er kritisiert die wachsende Akzeptanz ökonomischer Kriterien und sucht eine Institution, die gegen den globalisierten Kapitalismus ihre Stimme erhebt. Für eine Kirche, die sich nicht dem Ideal der unveränderlichen Statik, sondern dem Prinzip des „semper reformanda" verpflichtet weiß, ist jede faire Kirchenkritik zu begrüßen. Sie kann sich als hilfreich bei der Suche nach dem eigenen Selbstverständnis erweisen. Freilich sind die Erwartungen und Korrekturvorschläge oft von ganz unterschiedlicher Art. So hat die Unternehmensberatung McKinsey nach einer Befragung unter Münchens evangelischen Kirchenmitgliedern eine andere Empfehlung gegeben: Sie sieht das besondere Angebot der evangelischen Kirche als einer „modernen und leistungsfähigen spirituellen Organisation" (Lindner, 254) nicht im diakonischen Bereich, sondern in ihrer spezifisch religiösen Kompetenz und dem damit verbundenen Beitrag zur Glaubensweckung und -förderung. Das jüngste kirchenamtliche Impulspapier zur Kirchenreform, das im Jahr 2006 unter dem programmatischen Titel „Kirche der Freiheit" erschienen ist, greift diese Empfehlung auf. Sie benennt das gottesdienstliche Handeln und das ausdrücklich geistliche Leben als kirchliche Kernkompetenz. Kritiker sprechen vor diesem Hintergrund von einer Vernachlässigung der gesellschaftsdiakonischen Dimension der Kirche. An der Notwendigkeit einer Reform der Evangelischen Kirche besteht jedoch dann kein Zweifel, wenn diese auch im Jahr 2030 noch aktiv zur Kommunikation des Evangeliums beitragen möchte. Dass dabei das Wirken Gottes in der Kirche die entscheidende Rolle spielt, ist unumstritten, umstritten ist jedoch die menschliche Antwort darauf.

Kirche der Freiheit

Fragen:

Fragen

1. Mehrere Konfirmanden begründen ihre Weigerung, mindestens einmal im Monat den Gottesdienst zu besuchen, mit dem Argument: „Ich kann auch ohne Kirche ein guter Christ sein". Wie reagieren Sie aus praktisch-theologischer Perspektive auf diese Einstellung?
2. Ein örtlicher Unternehmensberater, der sich der Kirche stark verbunden weiß, bietet Ihrer Kirchengemeinde kostenlos eine ökonomische Analyse sämtlicher Aktivitäten hinsichtlich ihrer Effizienz und verspricht Handlungsoptionen angesichts zurückgehender Kirchensteuereinnahmen. Nehmen Sie das Angebot an, und wenn ja: welche Bedeutung messen Sie den Ergebnissen bei?
3. Stellen Sie sich vor, Sie müssten als Kirchenvorstand eine Stellenausschreibung für den künftigen Pfarrer bzw. die künftige Pfarrerin entwerfen. Beziehen Sie sich auf eine konkrete Gemeinde (zum Beispiel Ihre Heimatgemeinde) und beschreiben Sie das gewünschte Profil. Inwiefern bietet Ihnen dieses Kapitel hilfreiche Kriterien?

3.4 Kultur

1. Was ist Kultur?

Kultur – ein vieldeutiger Begriff

Eine Aufführung der Bachschen Matthäus-Passion wird vom Rezensenten als *kulturelles* Ereignis gepriesen; das Welt*kultur*erbe des Kölner Doms von der UNESCO auf die rote Liste gesetzt, und auf der Tagung der Kirchensynode beklagt ein Praktischer Theologe, dass die Kirche mit ihren Angeboten zu wenig den populär-*kulturellen* Geschmack vieler Jugendlicher bediene. Der Begriff der Kultur hat gegenwärtig im kirchlichen und theologischen Bereich Hochkonjunktur, und gelegentlich wird von der Theologie als *Kultur*wissenschaft gesprochen. Da jedoch nicht leicht zu fassen ist, was Kultur eigentlich meint, klärt dieses Kapitel zunächst den Begriff. Nach dieser Annäherung wird eine Verhältnisbestimmung von Christentum und Kultur, insbesondere von Christentum und *Kunst* unternommen. Der zweite Teil macht einen Streifzug durch verschiedene kulturelle Bereiche wie bildende Kunst, Musik oder Literatur und fragt nach deren Berührungspunkten mit dem kirchlichen Handeln und der praktisch-theologischen Reflexion. Unser Wunsch ist, dass die Leserinnen und Leser sich anschließend selbst auf die Suche nach interessanten Phänomenen im Wechselspiel von Kunst, Kultur und Religion machen, diese wahrnehmen und kritisch reflektieren.

Lange Zeit wurde der Begriff der Kultur vorrangig der Natur gegenübergestellt. Dies macht insofern Sinn, als die Römer mit dem lateinischen Begriff „cultura" die Bebauung und Pflege des Ackers bezeichneten; das englische „agriculture" zeugt noch heute von dieser sprachgeschichtlichen Wurzel. Das dazugehörende Verb „colere" meinte so viel wie bewohnen, schützen oder eben kultivieren. Im Lauf der Geschichte wurden verstärkt die geistigen Leistungen des Menschen zur Kultur gerechnet. In der Neuzeit verstand Immanuel Kant (1724–1804) die zivilisierende Kultur als Gegenkraft zur rohen Natürlichkeit des Menschen, und für Sigmund Freud bedeutete Kultur schlicht Triebverzicht, genauer: die Summe aller Sublimationen, welche von den triebhaften Impulsen der Menschen ablenken sollten. In jüngerer Zeit wird der Begriff eher zur Bezeichnung einer bestimmten Lebensweise gebraucht. Von Ästhetisierung der Kultur spricht man, weil die traditionellen sozialen Klassenunterschiede gegenwärtig zunehmend durch kulturelle Geschmacksunterschiede in den einzelnen Milieus (siehe 3.3.3) ersetzt werden. Gegenwärtig umfasst Kultur jedoch nicht mehr nur einzelne Bereiche wie die Ess- oder Wohnkultur, der Begriff zielt vielmehr grundlegend auf das Selbstverständnis einer Gesellschaft und ihrer Menschen. Der prominente Soziologe Stuart Hall definiert Kultur entsprechend als die „Bedeutungen und Werte, die […] gesellschaftliche Gruppen […] hervorbringen und mit deren Hilfe sie ihre Existenzbedingungen ‚bewältigen' und auf sie reagieren" sowie als die „Gesamtheit der gelebten Traditionen" (123). Und auch die evangelische Kirche beschreibt Kultur als die „Sinnhorizonte, in denen Menschen sich selbst mit Hilfe von Worten, Zeichen und Bildern gestalten und sich über ihre Deutungen verständigen"

Kultur als Lebensweise

(2002, 11). Es ist klar, dass auch biblische Worte, religiöse Zeichen und christliche Deutungen zu dieser Kultur gehören. Die Frage ist: Welchen Stellenwert nehmen diese innerhalb der Gesamtkultur ein und wie sollte die kirchlich-religiöse Kultur auf ihre kulturelle Umwelt reagieren?

2. Das Verhältnis von Christentum, Kirche und Kultur

Kulturprotestantismus und Dialektische Theologie

Das Neue Testament bestimmt das Verhältnis des glaubenden Menschen zu seiner kulturellen Umwelt in gegensätzlichen Richtungen. So plädiert die Theologie der johanneischen Schriften für eine deutliche Distanz zur Welt („Habt nicht lieb die Welt noch was in der Welt ist", 1Joh 2,15). Demgegenüber rückt das Matthäus-Evangelium die soziale Verantwortung für die Gestaltung dieser Welt in den Vordergrund, ohne deren (modern gesprochen) Lebenskultur als quasi widergöttlich zu verwerfen. Die beiden Richtungen der Weltabkehr und Weltzugewandtheit finden sich später unter anderem im christlichen Mönchtum: Konzentriert es sich im griechisch geprägten Osten stärker auf die Kontemplation in der Abgeschiedenheit, so leisten die westlichen Klöster deutliche Impulse für die Kultivierung des Landes, im Ackerbau wie in der Bildung, in der Medizin wie in der Kunst. Vor allem seit der Aufklärung galt es in Teilen des Protestantismus als das höchste Ziel, dass Staat und Gesellschaft mehr und mehr von der Religion durchdrungen werden und dass das Christentum auf längere Sicht in der umfassenden Kultur aufgehen möge. Der Begriff des Kulturprotestantismus stand in der zweiten Hälfte des 19. Jahrhunderts für dieses Anliegen, die Kirche mit der modernen Kultur zu verschmelzen. Dieser Optimismus führte freilich zu einem idealistischen Kultur- und Menschenbild, das die Macht des Bösen – theologisch gesprochen: die Kultur als „gefallene Schöpfung" – zu wenig berücksichtigte. Die religiöse Überhöhung der irdischen, in diesem Fall oftmals deutsch-nationalen Kultur führte schließlich dazu, dass es zu wenige Theologen gab, die sich kritisch mit dem Ersten Weltkrieg auseinandersetzten. Stattdessen stimmten viele in den Chor der Kriegsbegeisterung ein. Dieses historische Versagen des Kulturprotestantismus wiederholte sich in abgeschwächter

Form im Dritten Reich. Es führte dazu, dass die Dialektische Theologie um Karl Barth mit einem starken Misstrauen auf jedes Bemühen reagierte, den christlichen Glauben als eine Religion zu begreifen, die kulturell anschlussfähig ist. Diese theologische Haltung prägte die Nachkriegszeit, und erst gegen Ende des 20. Jahrhunderts starteten Versuche einer neuen Kulturtheologie in Theorie und Praxis.

Blickt man auf die Entwicklung der modernen Kulturgeschichte, so drängt sich bisweilen der Eindruck auf, dass die Religion von der Kultur abgelöst worden sei. In der Tat greift heute nicht mehr der Begriff der Religion, sondern besser jener der Kultur, um den umfassenden Sinnhorizont einer Gesellschaft zu bezeichnen – zumindest in den westlich geprägten Ländern. Anders sieht es in vielen arabischen Ländern aus, wo die Kultur sehr deutlich von der Religion bestimmt wird. Viele traditionelle Funktionen der Religion (siehe 3.2.3) übernimmt nun im Westen die Kultur, vor allem jene, die Theologen gerne als Sinnstiftung bezeichnen. So wie ein religiöser Mensch durch das Hören biblischer Texte einen individuellen Sinn im Leben finden mag, macht sich ein anderer anhand der Lektüre von Goethes Faust oder der Songs von Andrew Lloyd Webber Gedanken über sein Dasein. Nicht zuletzt stiftet die Einbettung in die entsprechende Gemeinschaft von Gleichgesinnten Sinn oder schlicht Befriedigung. Manche Kunst- und Medienhistoriker spielen deshalb die Religion gegen Kunst und Kultur aus, wenn sie in der Geschichte der Neuzeit einen Austausch der „alte[n] Aura des Sakralen gegen die neue Aura des Künstlerischen" (Belting, 538) erkennen. Natürlich sind der sonntägliche Genuss einer literarischen Matinee oder der Besuch im Fußballstadion bei nicht wenigen Menschen an die Stelle des Kirchgangs getreten, der einst zur traditionellen Lebenskultur gehörte. Die kulturelle Praxis zeigt damit deutliche Parallelen zur religiösen Praxis. Beides schließt sich aber keinesfalls aus; deshalb ist ein lineares Modell der Substitution (Austausch) nach dem Motto „von der Religion zur Kultur" mit Vorsicht zu genießen. Schließlich gibt es Protestanten, die am Karfreitag neben dem Abendmahlsgottesdienst in der Frühe am Abend gerne der musikalischen Erzählung vom Heili-

von der Religion zur Kultur?

gen Gral – jener Schale mit dem Blut Jesu – in Richard Wagners Oper „Parsifal" beiwohnen. Andere lesen vielleicht zur Entspannung Dan Browns „Sakrileg", der auf seine Weise dem religiösen Motiv der Gralserzählung literarische Gestalt verlieh und damit ein Millionenpublikum auch jenseits des Hochkultur-Milieus erreichte. Der Roman und seine Verfilmung waren vermutlich auch deshalb so erfolgreich, weil der Autor grundlegende Fragen unserer religiös-kulturellen Herkunft thematisierte und diese geschickt in einen spannenden Plot einwebte.

Religiöse und ästhetische Erfahrung

Der Vergleich zwischen religiöser und kultureller Praxis ist vor allem interessant, weil eine grundlegende Parallele zwischen der religiösen und der kulturellen, insbesondere der künstlerischen *Erfahrung* besteht. Für letztere hat sich in Fachkreisen gegenwärtig der Begriff der ästhetischen Erfahrung eingebürgert, wobei sich Ästhetik hier im engeren Sinn auf die Künste bezieht. Die Grenzen sind in der Tat fließend: Wer mag schon darüber urteilen, ob der Besuch des Weihnachtsoratoriums in einer festlich geschmückten Kirche stärker eine religiöse oder eine ästhetische Erfahrung bedeutet? Handelt es sich, neudeutsch gesprochen, vorwiegend um ein religiöses oder ein künstlerisches Event? Wenn überhaupt, kann diese Frage nur aufgrund des persönlichen Empfindens der einzelnen Besucher beantwortet werden. Ulrich Barth (2003) zeichnet die Nähe der religiösen zur ästhetischen Erfahrung im Einzelnen nach und beschreibt dabei die Sinnerfüllung, die Unterbrechung des Alltäglichen, die Transzendierung des Irdischen sowie den „Widerfahrnischarakter" von Kunst und Religion. Einige Theologen gehen aufgrund dieser Parallelen noch einen Schritt weiter und fragen, ob religiöse Erfahrung vielleicht im Grunde nichts anderes ist als „mit Hilfe religiöser Semantik gedeutete ästhetische Erfahrung" (Gräb 2007, 738). Nicht Kunst und Kultur wären damit an die Stelle der Religion getreten, sondern jede religiöse Erfahrung wäre im Grunde genommen immer schon eine ästhetische Erfahrung gewesen, die lediglich mit religiöser Sprache und religiösen Symbolen eine besondere Deutung gefunden hätte.

Religiöse Kulturkritik

Natürlich ist die Kunst ein zentrales Ausdrucksmittel von Religion. Anstelle einer Identifizierung von ästhetischer und religiöser Erfahrung sollte jedoch vorsichtiger von der Kunst als „Gleichnis für das Himmelreich" (Karl Barth) gesprochen werden, deren konkrete Gestaltungen vielleicht – so Gott will – zu „Chiffren der Transzendenz" (Karl Jaspers) werden können. Eine zu starke Parallelisierung von religiöser und künstlerischer Erfahrung provoziert demgegenüber berechtigte Anfragen, zum Beispiel hinsichtlich der Gottesfrage: Wo bleibt Gott als das jenseitige Gegenüber dieser Welt? Und inwiefern besteht nicht die Gefahr, ästhetische Erfahrungen religiös zu überhöhen? Auch die künstlerisch perfekt gestalteten „Lichtdome" der nationalsozialistischen Parteitage in Nürnberg vermittelten den Betrachtenden vielfach quasi-religiöse Erfahrungen. (Praktische) Theologie muss also sowohl die Nähe des Kunstempfindens zur religiösen Erfahrung anhand konkreter kultureller und künstlerischer Gestaltungen herausarbeiten als auch im gegebenen Fall eine theologisch verantwortete Kulturkritik üben. Vor allem der biblisch-hermeneutische Zugang (vgl. 1.) kann hier sein kritisches Potenzial entfalten, um kulturelle Phänomene nicht vorschnell als religiös zu interpretieren.

Exemplarisch deutlich wird dies beim Weihnachtsfest. Spätestens seit dem 19. Jahrhundert ist dieses in Mitteleuropa zu *dem* bürgerlich-idyllischen Fest schlechthin geworden. Die Familie feiert sich und ihre Sehnsucht nach Harmonie, das narzisstische Bedürfnis jedes einzelnen Menschen findet durch Geschenke und gute Wünsche seine Bestätigung, und der Traum von einer heilen, friedvollen Welt wird wenigstens für eine Nacht in den geschmückten Wohnzimmern Wirklichkeit. Matthias Morgenroth spricht sogar von einer „Heiligabend-Religion". Zunehmend verband sich damit in den vergangenen Jahrzehnten ein Höhepunkt des Konsums: „Süßer die Kassen nie klingeln …" All dies könnte nun von Pfarrern kritisch aufgenommen werden. Sie könnten im Heiligabendgottesdienst eine großangelegte Publikumsbeschimpfung starten und all die Menschen, die sich nur einmal im Jahr zum Gottesdienst versammeln, genau deshalb angreifen. Sie könnten darauf hinweisen, dass die bürgerlich-kapitalistischen Inszenierungen nichts zu tun hätten mit der Inkarnation des ewigen Gottes im Kind von Bethlehem. Aber

Weihnachtsreligion

würde damit mehr erreicht als Widerstand und Unverständnis? – Gleichzeitig ist aber auch klar, dass Gottesdienste am Heiligabend nicht einfach nur die schöne, glitzernde weihnachtliche Fassade mit Worten, die die bürgerlichen Festinszenierungen nur noch ein wenig weihnachtlich-fromm bestäuben, verzieren sollten. Was nötig ist, ist die Aufnahme der Erwartungen der Gottesdienstfeiernden und deren Weiterführung. Die Sehnsucht derer, die (nicht nur, sondern immerhin) einmal im Jahr in die Kirche gehen, nach der heilen Welt gilt es mit Worten und Liedern hineinzunehmen in die Erwartung der neuen Welt Gottes, in der Gott die Ehre gegeben wird und Friede auf Erden herrscht (Lk 2,14).

gegen eine kirchliche Verzweckung der Kunst

Beim Gespräch zwischen Kunst und Religion muss es eine religiöse Kulturkritik geben, aber auch umgekehrt eine künstlerisch-kulturelle Religionskritik. Diese artikulierte sich immer wieder und sehr zurecht als Kritik an einer religiösen Vereinnahmung der Kunst – etwa in dem Sinne, dass künstlerische Gestaltungen zur Bestätigung des kirchlich-religiösen Sinnangebotes benutzt werden, nach dem Motto: In diesem Gedicht zeigt sich, dass Heinrich Heine im Grunde genommen ein zutiefst religiöser Mensch war – er wusste es nur nicht. Entsprechend fragwürdig ist eine einseitige Verzweckung der Künste auf den Handlungsfeldern der Homiletik oder Religionspädagogik. Die Künste dürfen nicht zur Illustration scheinbar feststehender Heilstatsachen des christlichen Glaubens missbraucht werden. Vielmehr muss akzeptiert werden, dass die Künstler oftmals auf Gott als eine inhaltlich unbestimmte Transzendenz verweisen und subtilere religiöse Sprachen sprechen, als dies in der traditionellen Gottesrede mit ihrem dogmatisch gefügten Symbolsystem der Fall ist. Andererseits kann gerade diese Freiheit der Kunst dazu führen, dass die religiösen und existenziellen Probleme von Kirchenmitgliedern vielleicht eindringlicher wahrgenommen und gestaltet werden, als dies in der pastoralen Rede oft der Fall ist.

3. Konkretionen: Kulturelle Bereiche als Herausforderung für das kirchliche Handeln

In den 1990er-Jahren freute sich der Pfarrer des niedersächsischen Dorfes Luttrum riesig: Georg Baselitz (geb. 1938), bedeutender zeitgenössischer Künstler aus der Nachbarschaft und damals der teuerste deutsche Maler, wollte der idyllischen Fachwerkkirche ein Bild für den Altarraum schenken. „Tanz um das Kreuz" hieß es und zeigte in Anlehnung an traditionelle Christusdarstellungen eine blaue bärtige Figur, die am Kreuz hängt und die Bildfläche in vier Farbzonen teilt. Nun sind moderne Kreuzigungsdarstellungen in einer Kirche heute an sich nichts Ungewöhnliches mehr. Was auf Befremden und teilweise Entsetzen stieß, war jedoch der Umstand, dass Baselitz die Darstellung um 180 Grad gedreht hatte – typisches Merkmal seiner Kunst, die Welt und damit zugleich die Wahrnehmung der Welt auf den Kopf zu stellen. Viele Gemeindeglieder empfanden das Bild als pietätlos, manche gar als gotteslästerlich und verwiesen auf eine antikirchliche Deutung des Petruskreuzes: Nach der Legende bat der Apostel in Rom darum, kopfüber gekreuzigt zu werden, weil er nicht würdig sei, wie Jesus zu sterben. In der Neuzeit wurde das umgekehrte Kreuz als Inversion (Umkehrung) der christlichen Werte interpretiert und findet als solches im Umfeld des Okkultismus Verwendung. Nun lag dem Maler Baselitz die Pervertierung des christlichen Glaubens und die Verhöhnung seines Kernsymbols erklärtermaßen völlig fern. Dennoch hagelte es in der Gemeinde Beschwerden über das Bild und den Pfarrer, der es verteidigte. Nach hitzigen Debatten und einem lang andauernden Streit zog Baselitz von sich aus das Geschenk zurück.

Christus auf dem Kopf bei Georg Baselitz

Nun ist es leicht, sich aus intellektueller Perspektive über jene Kirchenmitglieder zu mokieren, die nicht bereit seien, sich der Provokation moderner Kunst auszusetzen. Im konkreten Fall wäre es vielleicht die Aufgabe kirchlicher Bildungsarbeit gewesen, im Vorfeld gemeinsam mit dem Künstler und der Gemeinde über das betreffende Bild zu sprechen, Zugänge zur Wahrnehmung des Bildes zu eröffnen und dadurch im Idealfall die Akzeptanz zu erhöhen. Vielleicht hätte es dadurch tatsächlich zu ei-

Kirche und moderne Kunst

ner Art positiven Identitätskrise kommen können, um konventionelle Christusbilder zu problematisieren und die Frage anzustoßen, was Jesus Christus für uns heute bedeutet. Das Gemälde von Baselitz steht exemplarisch für die Auseinandersetzung der Kirche mit der zeitgenössischen Kunst. Die meisten Künstler suchen keinen emotionalen Konsens und verzichten auf möglichst große Zustimmung. Anstelle einfacher Antworten wollen sie die individuelle wie gesellschaftliche Komplexität darstellen. Auch die Frage nach der Gotteswirklichkeit sperrt sich den einfachen Antworten und steht insofern in einer deutlichen Affinität zur Wahrnehmung und Gestaltung der modernen Kunst. Gerade kirchliche Räume können deshalb zu Räumen der Begegnung zwischen Kirche und Kunst werden. Nichtsdestotrotz ist zu berücksichtigen, was einer konkreten Gemeinde an befremdender Kunst im Kirchenraum zuzumuten ist. Der Wunsch nach Geborgenheit vor dem Altar kann nicht pauschal zum Wunsch abgewertet werden, alles möge in der Kirche so bleiben wie es ist. Mit Paulus kann zudem gefragt werden, ob die von ihm geforderte Rücksicht auf die „Schwachen in der Gemeinde" (vgl. 1Kor 8) nicht auch beim Kunstempfinden berücksichtigt werden muss (vgl. 1.2).

Theopoetik

„Sie werden lachen, die Bibel", hat der scharfsinnige Bertolt Brecht (1898–1956) einmal auf die Frage geantwortet, welches Buch ihm zur Lieblingslektüre geworden sei. Der Dialog der Religion mit der Literatur ist seit jeher ein spannendes Unterfangen. Biblische Spuren lassen sich in der modernen Literaturgeschichte bis heute in oftmals reizvoller Verfremdung entdecken: Vom biblischen Bilderverbot in Gestalt des Schauspiels „Andorra" bei Max Frisch über das (siebte) Kreuz als Zeichen des Widerstands bei Anna Seghers bis zur vierbändigen Nacherzählung der Josefsgeschichte durch Thomas Mann – von der Literatur außerhalb des deutschen Sprachraums ganz zu schweigen. Schriftsteller haben einen großen Anteil daran, dass die Gegenwart Gottes sprachliche Gestalt findet. Deren Theo*poetik* bietet einen erfrischenden Ausgleich zu einer Theo*logie*, die sich dem abstrahierenden, wissenschaftlichen Denken verpflichtet weiß. Manche Literaturfans empfinden das literarische Kunstwerk gar als „Analogon für diejenige Wirklichkeit, die Theologen mit dem unbrauchbaren Wort ‚Gott' bezeichnen" (Kuschel, 16). Dass sich die literarische Gestaltung der Gottesfrage auch jenseits der biblischen Gottesbilder ereignet, hilft vor allem den am traditionellen Gottesbild (ver-)zweifelnden Menschen. Leseerfahrungen können dabei zu zentralen Lebenserfahrungen auf dem Weg der religiösen Entwicklung werden. Vertraut die Predigt zumindest gelegentlich dem Wort der Dichter und setzt es in ein Wechselspiel mit dem biblischen Text, so hat die Theopoetik in die universitäre Reflexion über die Gottesfrage bislang kaum Einzug gefunden. Eine Ausnahme bildet etwa Wilfried Härle, der in seinem Lehrbuch der Dogmatik über den Versuch, die Wirklichkeit Gottes zu beschreiben, bekennt: „Unter Umständen kann ein Gleichnis, eine Erzählung oder ein Gedicht [...] mehr über die Wirklichkeit Gottes aussagen als ein ganzes Kapitel der Gotteslehre" (282) – und zur Illustration dieser These ein Gedicht von Erich Fried folgen lässt. Zu berücksichtigen ist jedoch, dass es die literarische Wahrnehmung der Gottesfrage leichter hat als die kirchliche Rede von Gott, weil die Schriftsteller keinem kirchlichen Bekenntnis verpflichtet sind, wonach das Evangelium „rein gelehrt" (Artikel 7 des Augsburger Bekenntnisses) werden muss.

Im Bereich der Jugendliteratur bietet Otfried Preußlers „Krabat" (1971) eine spannende literarische Auseinandersetzung mit zentralen Motiven der christlichen Gottesüberlieferung, ohne dass das Wort Gott an irgendeiner Stelle genannt wird. Der vierzehnjährige Betteljunge Krabat ist als Müllerlehrling einem Meister ausgeliefert, der jährlich einen aus dem Kreis der zwölf Gesellen opfern muss, damit er leben und herrschen darf. Die Zwölfzahl der Lehrlinge und die Abhängigkeit vom Meister verweisen deutlich auf das Neue Testament, erfahren aber gleichsam eine charakteristische Umkehrung. So ist Krabat in die Mühle des Todes geraten, in eine Art Anti-Evangelium, beherrscht durch einen Anti-Christus, der das Leben seiner Jünger nimmt, um sich selbst das Leben zu erhalten. Bei allen satanischen Elementen in der Zeichnung des Meisters ist jedoch auch dieser ein Getriebener, der seinerseits unter der Macht des

Anti-Christus bei Otfried Preußler

mysteriösen „Herrn Gevatter" steht, der jährlich in der Silvesternacht seinen Tribut fordert. Dass der Meister die jungen Menschen gleichwohl fasziniert, liegt daran, dass in einer durch die Pest bedrohten Welt eine Lehrstelle, ein Bett, warme Mahlzeiten und vor allem Macht garantiert wird. Für Otfried Preußler war „Krabat" die Geschichte seiner Generation – „und die Geschichte aller jungen Leute, die mit der Macht und ihren Verlockungen in Berührung kommen und sich darin verstricken".

Kirche, Popularkultur und Unterhaltung

Dass das Gute in „Krabat" durch eine engelsgleiche Frau repräsentiert wird, deren unbedingte Liebe den Meister überwindet und den Geliebten erlöst, mag vielleicht als etwas trivial belächelt werden. Es ist dem Genre einer alten sorbischen Sage geschuldet, der Preußler hier literarische Gestalt verleiht. Das Beispiel zeigt jedoch, dass es nicht immer der literarischen Kunst eines Thomas Mann oder Max Frisch bedarf, um Gott zur Sprache zu bringen. Durch die Verfilmung (2008) ist Krabats Geschichte zudem endgültig in jenen Bereich eingedrungen, der häufig als Popularkultur bezeichnet wird – ein Begriff, der weniger abfällige Assoziationen weckt als die klassische Unterscheidung in E- und U-Kultur bzw. Hoch- und Trivialkultur. Für die Praktische Theologie bietet die Popularkultur gegenwärtig ein faszinierendes Feld zur Erkundung religiöser Spuren (vgl. 3.5). In der Kultur- und Mediengeschichte des 20. Jahrhunderts beäugten Theologen, Kirchenvertreter und Gemeindeglieder aus dem traditionellen Bildungsmilieu die Popularkultur hingegen lange Zeit misstrauisch. Dies hing nicht zuletzt mit deren Anspruch zusammen, Menschen zu unterhalten, der als Widerspruch zur Ernsthaftigkeit des kirchlichen Handelns empfunden wurde. In den 1980er-Jahren setzten sich Praktische Theologen wie Albrecht Grözinger deshalb bewusst für die Unterhaltung als „verachtete homiletische Kategorie" ein. Predigt als spannende Unterhaltung sei vor allem dadurch legitimiert, „dass das Wesen Gottes nur als ein Nacherzählen seiner Geschichte, die nun wahrlich voller Spannung ist, expliziert werden kann" (1987, 436).

Kirche und Kirchenraum

Heilige Räume gibt es nach evangelischem Verständnis keine: Nicht die Steine einer kleinen Dorfkirche oder eines großen Gotteshauses in der Stadt sind geweiht. Vielmehr werden die

Menschen gesegnet, die sich im kirchlichen Raum versammeln. Martin Luther hat einmal gesagt: „Wir brauchen keine großartige Kathedrale, ein Gottesdienst ist auch im Kuhstall möglich." Die neu gebauten evangelischen Kirchen nach dem Zweiten Weltkrieg schienen diese Empfehlung in die Tat umzusetzen: Nicht, dass man Kuhställe gebaut hätte, aber zahlreiche Kirchen und Gemeindehäuser zeichneten sich vor allem durch eine funktionale, schlichte Architektur aus. Diese ließ keinen Platz für eine vertiefende Auseinandersetzung mit den spirituellen Möglichkeiten des Kirchenraums. In den vergangenen Jahrzehnten hat sich dies geändert: Die sakralen Räume werden als spürbare, sichtbare und hörbare „Texte" entdeckt, die den Menschen ergreifen und darauf warten, mit allen Sinnen „gelesen" zu werden. Auch der Tourismus als neues kirchliches Handlungsfeld im Zeitalter der Massenkultur bietet eine Chance, den Kirchenraum jenseits des Gottesdienstes zum Sprechen zu bringen: Nicht nur durch eine kunsthistorische Erklärung, sondern auch in der Verbindung mit liturgischen Formen: zum Beispiel in einer Passionsandacht unter dem Kruzifix oder in einer meditativen Andacht vor der mit Engeln verzierten Barockorgel. Auf dem Handlungsfeld der Religionspädagogik (siehe 2.5) wird der Kirchenraum auf diese Weise schließlich zum Lernort Kirche, der nicht nur jungen Menschen hilft, sich den Glauben zu erschließen.

Ein zentrales Kennzeichen der Popularkultur ist ihre Marktorientierung als „Kulturindustrie" (Theodor Adorno). Popularkulturelle Güter werden nach dem Gesetz von Angebot und Nachfrage produziert und vermarktet. Vielleicht hat dieser Umstand im Fall von „Krabat" dazu geführt, dass die religiösen Spannungsbögen in der Verfilmung zugunsten der sonstigen Spannung zurücktreten. Auch auf das kirchliche Handeln und die damit verbundenen religiösen Sinnangebote hat die gegenwärtige Popularkultur einen massiven Einfluss. Dies zeigt sich zum Beispiel an den Massenevents der evangelischen Kirchentage oder der katholischen Weltjugendtage. Religion nimmt dabei nicht nur in populären Formen wie dem Gottesdienst im Fußballstadion samt Tanzeinlage auf dem Spielfeld Gestalt an, sondern wird auch inhaltlich von der populären Kultur erfasst.

Marktorientierung religiöser Popularkultur

So ergänzen zum Beispiel die Texte neuerer Kirchenlieder das klassische Liedgut und vermitteln inhaltlich teilweise andere Gottesbilder. Der Grundsatz jeder Ästhetik, dass Form und Inhalt, Gestalt und Gehalt zusammengehören, zeigt sich auch hier eindrucksvoll.

Kirche und ästhetische Bildung

Ein Bild von Georg Baselitz oder eine literarische Gestalt wie Krabat erschließen sich in ihrer religiösen Dimension nicht automatisch. Ob in Kunst und Kultur ein Zugang zur Wirklichkeit Gottes gefunden wird, hängt oftmals von der entsprechenden ästhetischen Bildung ab. Diese hilft, die bildende Kunst, die Musik und die Literatur – auch in deren populärkultureller Ausprägung – sensibel wahrzunehmen, auf religiöse Motive und Spuren hin zu befragen und im Idealfall selbst kreativ tätig zu werden. Diese ästhetische Bildung kann stärker explizit im Religions- bzw. Konfirmandenunterricht oder in der Erwachsenenbildung erfolgen. Stärker implizit hat sie sich in den vergangenen Jahrhunderten vor allem im familiären Kontext ereignet. Die Zeit-Redakteurin Sabine Rückert erzählt in einem persönlichen Bekenntnis in „GEO Kompakt" (16/2008) unter der Überschrift „Warum ich glaube", dass besonders Kirchenlieder ihr bis heute Kraft geben, mit dem Gefühl der Angst und der Ohnmacht fertig zu werden. Vor allem angesichts der möglichen Bedrohungen ihres Kindes denke sie oft an die Verse, die sie in ihrer Kindheit von den Eltern gelernt habe: „Breit aus die Flügel beide, / oh Jesus, meine Freude, / und nimm dein Küchlein ein. / Will Satan mich verschlingen, / so lass die Englein singen: / ‚Dies Kind soll unverletzet sein.'" (EG 477, 8). Der Trost, den ihr diese Dichtung und deren Vertonung spenden, hängt untrennbar damit zusammen, dass sie in ihrer Kindheit damit konfrontiert worden ist: „Die Fähigkeit zu glauben, ist mir nicht zugefallen, ich habe sie erlernt." Praktisch-theologisch gesprochen: Als ästhetische Erfahrung bestätigt das Nachsprechen von Kirchenliedern bis heute ihren Glauben.

4. Kulturschöpfung der Kirche

Die Frage nach dem Verhältnis von Kirche und Kultur und damit nach der Inkulturation des Christentums ist uralt. Bereits die ersten Christen fragten, inwiefern sie sich auf die heidnische Kultur, die sie umgab, einlassen durften, aber auch einlassen mussten, um das Evangelium zu verkündigen. Bis heute bewegt sich das Spektrum der Antworten zwischen einer Kulturkritik auf der einen und der kulturellen Begeisterung, religiöse Spuren auch jenseits kirchlicher Deutungshoheit zu entdecken, auf der anderen Seite. Beide Richtungen müssen in der Praktischen Theologie wie im kirchlichen Handeln ihren Platz haben. Dabei kann es jedoch nicht nur darum gehen, die kulturelle Umwelt in theologischer und kirchlicher Perspektive kritisch wahrzunehmen, von ihr zu lernen und ihre Phänomene für das kirchliche Handeln fruchtbar zu machen. Vielmehr besitzt die Kirche auch einen kulturschöpferischen Auftrag. Seitens der evangelischen Kirche zeigt sich dieser seit der Reformation besonders in der Kirchenmusik – Papst Benedikt XVI. hat sie einmal geradezu als eine Art Markenzeichen des Protestantismus gewürdigt. Es versteht sich, dass der kulturelle Beitrag des Christentums in seiner wahrnehmenden, kritischen und schöpferischen Dimension niemals als abgeschlossen gelten darf, so wie das kulturelle Nachdenken über Gott niemals vollendet sein wird.

wahrnehmende, kritische und schöpferische Dimension

Fragen:

1. „Dem Protestantismus kommt es auf die innere Einstellung der Gläubigen an. Nicht die äußere Gestalt ist entscheidend, sondern der Inhalt der Botschaft. Die Orientierung an äußerlichen Darstellungsformen lenkt von dieser Aufgabe ab und droht zum Selbstzweck zu werden." – Nehmen Sie vor dem Hintergrund der Erträge dieses Kapitels zu dieser Position Stellung.

2. Nach dem Gottesdienst kommt ein Kirchgänger aufgebracht auf Sie als Pfarrer/in zu. Im Gesangbuch habe er drei Gedichte von Bertolt Brecht entdeckt, dabei sei der doch ein erklärter Atheist gewesen. Kein Wunder, dass Gott in den vorliegenden Texten nicht vorkomme und stattdessen vom „Haß gegen die Niedrigkeit" und sogar von den „Kriegen der Klassen" die Rede sei. – Versuchen Sie, die Einwände des Mannes ernst zu nehmen und dennoch Gegenargumente zu bieten.

Fragen

3.5 Massenmedien

1. Massenmedien, Kirche und Praktische Theologie

ein Thema – viele Handlungsfelder

Im Zuge einer allgemeingesellschaftlichen Renaissance des Religiösen (siehe 3.2.1) hat auch die Wahrnehmung von Religion und Kirche in den Massenmedien in den vergangenen Jahren deutlich zugenommen. Das Spektrum ist riesig: Auf dem Buchmarkt reicht es vom Jesus-Buch von Papst Benedikt XVI. bis zu Hape Kerkelings Bestseller „Ich bin dann mal weg". Am Bahnhofskiosk finden das Geo-Schwerpunktthema „Luther" sowie die Focus-Titelgeschichte zum „Sakrileg" ungeahnten Absatz, und kaum ein Tag vergeht, an dem nicht der Islam zum Gegenstand journalistischer Wahrnehmung im Fernsehen wird – von den faszinierenden religiösen Spuren in neuartigen Heimatfilmen wie „Wer früher stirbt, ist länger tot" bis hin zu Doris Dörries „Kirschblüten" ganz zu schweigen. Die Praktische Theologie kann sich dieser Wahrnehmung des Religiösen – oftmals fernab der kirchlichen Deutungshoheit – nicht entziehen. Sie steht vor der Frage, anhand welcher theologischer und anderer Kriterien das skizzierte Phänomen wahrgenommen und eingeordnet werden kann und welche Impulse hiervon für das kirchliche Handeln ausgehen. Die Wahrnehmung des Themas Massenmedien ist in besonderer Weise mit dem Handlungsfeld der Christlichen Publizistik verknüpft (siehe 2.8), geht aber darüber hinaus, da die massenmediale Perspektive für viele Handlungsfelder der Praktischen Theologie im Zeitalter der Mediengesellschaft relevant ist.

Kommunikations- und andere Bezugswissenschaften

Wie andere Themen der Praktischen Theologie kann auch das Thema Massenmedien nur dann angemessen beschrieben werden, wenn auch die nichttheologischen Nachbardisziplinen herangezogen werden. Im vorliegenden Fall ist dies vor allem die Kommunikations- und Medienwissenschaft. Die sozialwissenschaftlich ausgerichtete Kommunikationswissenschaft beschäftigt sich vor allem mit Prozessen öffentlicher Kommunikation in einer Gesellschaft und arbeitet oftmals mit empirischen Methoden. Speziell für die Reflexion des journalistischen Handelns ist dabei die Journalistik zuständig. Für die Praktische Theologie sind hierbei zum Beispiel systematische Inhaltsanalysen zur journalistischen Wahrnehmung von Religion oder vergleichende Studien zur medialen und religiösen Sozialisation von Jugendlichen aufschlussreich. Die Medienwissenschaft konzentriert sich demgegenüber stärker auf das Einzelmedium, bedient sich dabei vorwiegend hermeneutischer Herangehensweisen und argumentiert bisweilen auf einem hohen Abstraktionsniveau. Praktisch theologisch relevant ist zum Beispiel ein Vergleich der Ästhetik von Film und Gottesdienst oder die spannende Frage, ob ein Medium wie das Kino dadurch quasi religiöse Züge trägt, weil der „rituelle" Besuch eines Filmtheaters den regelmäßigen Kirchgang teilweise abgelöst hat. Die genannten wissenschaftlichen Zugänge, die sich gegenseitig nicht ausschließen, verbinden sich mit der Praktischen Theologie in der jungen Disziplin der Christlichen Publizistik. Haben sich an den meisten theologischen Fakultäten Deutschlands eigene oder schwerpunktmäßige Lehrstühle für Religionspädagogik, Homiletik, Liturgik oder Poimenik etabliert, so wird die Christliche Publizistik in der Regel nur am Rande wissenschaftlich reflektiert und gelehrt.

Zum Aufbau des Kapitels: Ein kurzer historischer Streifzug wird sich zunächst mit der kirchlichen Medienskepsis und den Gründen beschäftigen, die eine unverkrampfte Wahrnehmung und Würdigung der Massenmedien bis heute beeinträchtigen (3.5.2). Die massenmediale Dimension der Praktischen Theologie wird sodann in dreierlei Richtung erfasst: Der Analyse der Präsenz von Kirche und Religion(en) im journalistischen und im fiktionalen Bereich sowie im Spektrum der Werbung (3.5.3) schließt sich die Frage an, welche Sinnvermittlung die Massenmedien mit ihren Texten und Bildern gegenwärtig leisten und ob es dabei legitim ist, von einer „Medienreligion" jenseits der Kirche zu sprechen (3.5.4). Als zentrale Aufgabe des kirchlichen bzw. pastoralen wie des journalistischen Handelns werden abschließend die Weltwahrnehmung und deren sprachliche Gestaltung in der Perspektive der Pastoraltheologie und Journalistik erörtert (3.5.5).

Aufbau des Kapitels

2. Kirchliche Medienskepsis in Geschichte und Gegenwart

Kränkung und Konflikt Für die Verbreitung des Christentums haben Medien stets eine zentrale Rolle gespielt. Vor allem in Gestalt des Flugblatts haben sie der Reformation den Weg geebnet. Auf die neuzeitlichen Medien Zeitung und (seit dem 20. Jahrhundert) Radio, Film, Fernsehen und Internet hat die Kirche jedoch verzögert und in der Regel zunächst ablehnend reagiert. So war das Verhältnis der Kirche zu den Massenmedien kontinuierlich Spannungen ausgesetzt und spiegelte stets einen Sonderfall der Beziehung von Christentum und Gesellschaft wider. Ein wesentlicher Grund dürfte darin gelegen haben, dass die Deutungskompetenz der Journalisten und anderer Akteure im Bereich der Medien häufig als Konkurrenz empfunden wurde und Kirchenvertreter ihr Monopol der Weltwahrnehmung und -erklärung gekränkt aufgeben mussten. Jenseits der Kirche wurde dieses Konkurrenzverhältnis teilweise offen angesprochen: So nannte der Dichter Peter Rosegger (1843–1918) im Jahr 1912 die Presse einen „gewaltigen Kanzelredner, der vom Tag für den Tag redet", und bereits der Philosoph Georg Friedrich Wilhelm Hegel (1770–1831), einst Redakteur beim „Bamberger Tagblatt", sprach vom „realistischen Morgensegen" der täglichen Zeitungslektüre. Kirchenvertreter reagierten auf die Konkurrenz häufig mit einem polarisierenden Modell, in dem sie die journalistische Weltwahrnehmung als minderwertig gegenüber dem kirchlichen Auftrag einstuften. So fasste der erste Direktor des Evangelischen Pressedienstes, Stanislaus Swierczewski, den Gegensatz zwischen Kirche und Tagespresse im Jahre 1901 in folgende Worte: „Die eine lebt vom Tage in den Tag, die andere fußt auf dem Worte der Ewigkeit und weist aus der Zeit in die Ewigkeit; die eine bringt vieles, was überflüssig ist, die andere erinnert an das eine, was not tut; die eine wendet sich an die Neugier, allenfalls an den Wissenstrieb im Menschen, die andere an Herz und Gewissen."

kirchliche Medienskepsis und -wertschätzung Die kirchlichen Vorbehalte gegenüber den Massenmedien halten teilweise bis heute an und münden oftmals in eine kirchliche Medienskepsis, die Michael Schibilsky in einen Katalog von sieben kirchlichen Kritikpunkten kategorisiert hat: Hierzu zählt er u. a. das journalistisch-massenmediale Streben nach Aktualität, die Ereignisfixiertheit und Action-Orientierung der medialen Wahrnehmung, die Alltagsverhaftung, den Vorrang der Unterhaltung sowie die ökonomische und manipulative Macht der Medien. Insbesondere die pastoraltheologische Abgrenzung einer als höherwertig eingestuften Face-to-Face-Kommunikation gegenüber der technisch vermittelten Kommunikation steht einem unverkrampften Umgang mit den Massenmedien oftmals nach wie vor im Wege. Freilich gab es in der Mediengeschichte stets auch Kirchenvertreter wie Theologen, die anstelle einer abgrenzenden Haltung stärker nach dem Anknüpfungspotenzial suchten, welches die Massenmedien für das kirchliche Handeln bieten. Ein berühmtes Beispiel bietet der protestantische Theologe Karl Barth: Ihm schwebte das Ziel vor Augen, bei der Predigtvorbereitung in der einen Hand die Bibel und in der anderen Hand die Zeitung zu halten, um dann beides miteinander zu verbinden. In einem Brief schrieb er im 11. November 1918 im Zeichen der Revolution in Deutschland: „Nun brütet man abwechselnd über der Zeitung und dem Neuen Testament und sieht eigentlich furchtbar wenig von dem organischen Zusammenhang beider Welten, von dem man jetzt deutlich und kräftig sollte Zeugnis geben können". Anstelle einer konkurrierenden ist eine komplementäre Verhältnisbestimmung von Kirche und Massenmedien hilfreich. Das Einleitungskapitel (siehe 1) hat gezeigt, wie dies zum Beispiel bei der Prägung des Verständnisses von Apokalypse durch das Kino und im Konfirmandenunterricht möglich ist.

3. Kirche und Religion(en) in den Massenmedien heute

Wie nehmen Journalisten und andere Medienschaffende Kirche und Religion wahr? Die Antwort ist nicht zuletzt deshalb interessant, weil sie der kirchlichen Selbstwahrnehmung den Spiegel der massenmedialen Fremdwahrnehmung vorhalten kann. Eine längerfristige Untersuchung der journalistischen Wahrnehmung von Kirche in mehreren deutschen Tageszeitungen hat ergeben, dass das mediale Kirchenbild beider Konfessionen vorteilhafter,

Kirche und Konfessionen in der Tagespresse

interessanter und vielfältiger ist als oftmals vermutet (vgl. Meier). Die Nachrichtenwerte Konflikt und Negativität sind erheblich schwächer ausgeprägt, als dies in der Berichterstattung über Politik der Fall ist. Keinesfalls berichten Journalisten nur über Kardinalsernennungen oder Kirchentage als mediale Großereignisse. Auch das alltägliche Gemeindeleben hat eine Chance, in der Zeitung publiziert zu werden, wenn es für den Leser mutmaßlich relevant ist. Nicht zuletzt weist eine empirische Analyse das speziell evangelische Gefühl der Vernachlässigung durch die Medien zurück: Zwar ist der Katholizismus im Politik-Ressort stärker präsent, die lokale und regionale Berichterstattung spiegelt jedoch annähernd die tatsächliche konfessionelle Verteilung der jeweiligen Leserschaft wider. Freilich besitzen die binnenkirchlichen Differenzierungen für den Journalisten längst nicht die Bedeutung wie für die Kirche selbst, sodass häufig nur noch von „der Kirche" gesprochen bzw. geschrieben wird. Eine allzu wohlwollende Kirchenberichterstattung hat jedoch auch ihre Kehrseite: Zeichnete sich die journalistische Wahrnehmung in der bundesdeutschen Pressegeschichte vor allem im Magazin „Spiegel" stets durch einen kritischen, aber durchaus fundierten Stil aus, so lässt sich bei der Papstberichterstattung vor allem im Fernsehen eine Tendenz zur kirchlich-emotionalen Hofberichterstattung erkennen. Wie beim Weltjugendtag in Köln war auch die Live-Übertragung des Papst-Besuches 2006 im deutschen Fernsehen zu unkritisch. Die Faszination des religiösen Rituals und die Verbindung von emotionalem Massenevent und Starkult als Ausdruck der Nachrichtenfaktoren Prominenz und Personalisierung rufen diese journalistische Distanzlosigkeit hervor.

Pfarrerbilder und andere religiöse Motive in den Massenmedien

In der *fiktionalen* massenmedialen Wahrnehmung von Religion spielen vor allem die kirchlichen Amtsträger eine herausragende Rolle. So hat sich in der Filmgeschichte der Pfarrer als wichtige Identifikationsfigur herauskristallisiert. Neben der Tradition der unterhaltenden Pfarrerfilme im Kino (z. B. „Don Camillo") und in der Fernsehserie (z. B. „Der Bulle von Tölz") erreichte das Pfarrerbild vor allem in den problemorientierten Filmen Ingmar Bergmans (1918–2007) einen künstlerischen Höhepunkt. Bergman zeigt den Geistlichen als (selbst-)zweifelnde

Persönlichkeit und verbindet dies mit einer kritischen Einstellung zur Institution Kirche. Besonders eindrucksvoll ist der gemeinsam mit Bille August gedrehte Film „Die besten Absichten" aus dem Jahr 1991, in dem der Pfarrerssohn Bergman die Geschichte seines eigenen Elternhauses nacherzählt: Der aus einfachen Verhältnissen kommende und in sich gekehrte Theologiestudent heiratet eine aus reichem Elternhaus stammende, impulsive Frau, die eine Ausbildung zur Krankenschwester absolviert. Auf der ersten Pfarrstelle in einem ärmlichen Dorf versuchen beide, gemeindliche und soziale Aufbauarbeit zu leisten, stoßen aber mehrheitlich auf Misstrauen und Skepsis bei den Dorfbewohnern. Als Pfarrer Bergman den streikenden Arbeitern die Kirche als Versammlungsort zur Verfügung stellt, eskaliert der Konflikt mit dem Fabrikbesitzer. Nach und nach zerbricht die Ehe unter dem hohen Anspruch, den der Pfarrer an seine pastorale Existenz stellt; vor allem, als dieser es ablehnt, eine lukrative Stelle als Hofprediger der schwedischen Königin anzunehmen. – Auch im unterhaltenden Pfarrerfilm wird der Geistliche vor allem als Instanz der Mitmenschlichkeit inszeniert. Dabei tritt er jedoch nur selten als Theologe oder ausdrückliche Amtsperson auf, welche die Umwelt mit einer fremden oder auch befremdlichen Botschaft konfrontiert. Die Stärke liegt in der konkreten Lebenshilfe. Der Pfarrer ist „einer von uns", er kann helfend und freundlich mit Menschen aus den verschiedenen Milieus umgehen: mit dem renitenten Jugendlichen wie mit der störrischen Seniorin, mit dem Bürgermeister wie mit dem örtlichen Geschäftsmann. Jenseits der Pfarrerfilme werden explizit religiöse Traditionen und Motive in einer Reihe von bedeutenden Kinoproduktionen verarbeitet, in biblischer Perspektive spielen besonders die Evangelien eine Rolle. Das Spektrum reicht von der Verfilmung biblischer Stoffe und Geschichten über die Verarbeitung christlicher Themen bis hin zu Filmen, die nur einzelne Texte und Motive aus dem christlichen oder allgemein religiösen Traditionskontext aufnehmen und zum Beispiel mythische Erlösergestalten auftreten lassen: So mag Harry Potter als eine Art göttliches Kind erscheinen, das seine Welt vor der geheimnisvollen, bedrohlichen Realität des Bösen beschützt. Bestseller-

Autorin Joanne K. Rowling hat hierfür die Gestalt Voldemorts geschaffen, dessen Verlockungen auch der Zauberlehrling Potter selbst immer wieder ausgesetzt ist.

Islam in den Massenmedien

Die Analyse der massenmedialen Wahrnehmung und Gestaltung von Religion muss auch andere Weltreligionen einbeziehen. Hinsichtlich seiner gesellschaftlichen und politischen Relevanz ist dabei besonders das Gesicht des Islam in den Massenmedien zu berücksichtigen. Dessen Wahrnehmung schwankt zwischen einer Reduktion des Islam auf den Faktor Gewalt vor allem in der Auslandsberichterstattung und einer bewusst auf Sympathie mit dem „friedlichen Islam" zielenden Darstellung, die den Gewaltaspekt teilweise bewusst außen vor lässt. Diese beiden Tendenzen zeigen sich besonders deutlich im Film: Stellte Betty Mahmoodys Autobiografie „Nicht ohne meine Tochter" (1991) die iranischen Muslime pauschal als ungebildete Primitive und bedrohliche Masse dar, so zeichnet die Verfilmung von Eric-Emmanuel Schmitts „Monsieur Ibrahim und die Blumen des Koran" (2003) den Islam als mystische Religion individueller Glückseligkeit – unter konsequenter Ausblendung aller kontroversen Aussagen des Korans. Der Karikaturenstreit im Jahr 2006 hat zudem eindrücklich gezeigt, welche medienethische Herausforderung die journalistische Wahrnehmung von Religion gegenwärtig bildet: Ist der Abdruck von Mohammed-Karikaturen unter dem Hinweis auf das Gut der Presse- und Meinungsfreiheit vertretbar oder muss aus Furcht vor möglichen negativen Folgen ein Verzicht empfohlen werden?

Religiöse Motive in der Werbung

Ein weiteres Phänomen der Mediengesellschaft, das für die Praktische Theologie relevant ist, stellen die zahlreichen religiösen Bezüge in der Werbung dar, zum Beispiel die Verheißung „Wir machen den Weg frei" mit ihrer unübersehbaren Anspielung auf die biblische Exodus-Tradition, sofern die Erzählung vom Auszug der Israeliten aus Ägypten dem Betrachter der Werbeplakate vertraut ist. Oder die beinahe klassische Verfremdung von Leonardo da Vincis Abendmahlszene als Werbeträger für Jeans (vgl. die Abbildungen bei www.glauben-und-kaufen.de). In der gesellschaftlichen und kirchlichen Einschätzung dieses Phänomens zeigen sich zwei Richtungen: Klassische Medienkritiker wie Neil Postman (1992) brandmarken die Verwendung religiöser Symbole in der Werbung als Instrumentalisierung religiöser Sehnsüchte zu kommerziellen Zwecken, die zu einer Trivialisierung und Entleerung der Inhalte führe. Die Werbung belüge dabei die Menschen, weil sie die Erfüllung existenzieller Sehnsüchte (z. B. den „Lebensdurst" in der Coca-Cola-Werbung) durch den Kauf eines Produkts verspricht. Mediendidaktiker wie Manfred Pirner (2003) verweisen demgegenüber auf das religionspädagogische und homiletische Potenzial: Demnach zeuge die Verwendung religiöser Motive in der Werbung von einer immer noch wirksamen Ausdrucks- und Gestaltungskraft der religiösen und biblischen Tradition. Durch ihre Verfremdung könnten die religiösen Symbole zudem neu wahrgenommen werden, neu an Bedeutung gewinnen und eine Vermittlung zwischen religiöser Tradition und heutiger Lebenswelt leisten. Bei der Frage, warum Werbeagenturen gerade biblische oder allgemein religiöse Assoziationen nutzen, macht Pirner mehrere mögliche *Motive* aus: So könnte das Auramotiv suggerieren, dass die besondere Aura des benutzten religiösen Symbols auf das Produkt oder seine Käufer im Sinne eines spirituellen Mehrwerts übergeht. Das Provokationsmotiv arbeitet mit der bewussten Verletzung religiös-gesellschaftlicher Tabus – freilich unter der Annahme, dass sich die angepeilte Zielgruppe eher mit dem Brechen des betroffenen Tabus als mit dessen Schranken identifiziert. Schließlich steht das Trendmotiv für den Versuch der Werber, schlicht den Zeitgeist und gesellschaftliche Modeerscheinungen zu treffen.

4. Die Debatte um eine Medienreligion und die Frage nach massenmedialen Sinnsystemen

Religion wird nicht nur massenmedial wahrgenommen oder durch Medien vermittelt, sondern auch durch sie gebildet. In der Praktischen Theologie ist dafür der Begriff der „Medienreligion" eingeführt. Medienreligion wird vor allem hinsichtlich der elektronischen Medien mit den dazu gehörenden Praktiken Film (Kinobesuch) und Fernsehen (ritueller Fernsehkonsum) diskutiert. So strukturiere und ritualisiere beispielsweise der regelmäßige Fernsehkonsum die Zeit und vermittele dadurch Gebor-

Fernsehen als Religionsersatz?

genheit und Sicherheit. Als Alltagsbegleiter erfülle das Medium Fernsehen damit Funktionen, die ursprünglich die Religion innehatte; der tägliche Gongschlag der Tagesschau sei zum Ersatz für das frühere Abendläuten geworden (vgl. Günter Thomas, bes. 17f.). Dieser theologischen Sichtweise widersprechen Kommunikationswissenschaftler wie Angela Keppler mit dem Hinweis auf die fehlenden Ansprüche an die Transzendenz: „Während religiöse Rituale unzweideutig die Präsentation einer höheren Wahrheit darstellen, offenbaren TV-Sendungen keinerlei höhere Wahrheiten und beanspruchen dieses auch nicht" (229). Die Legitimität der Rede von einer Medienreligion hängt somit grundsätzlich vom Religionsverständnis ab. Ausgehend von einem sehr weiten Religionsbegriff kann Wilhelm Gräb argumentieren: „Medien [...] konstituieren Wirklichkeit und zugleich unser Wirklichkeitsverständnis. Damit sind sie selbst schon eine Form impliziter Religion." Bei einer solchen Argumentation muss jedoch die Frage nach der göttlichen Transzendenz und vor allem nach der inhaltlichen Bestimmtheit des Gottesbildes gestellt werden. Auffällig an der Debatte ist, dass mehrheitlich Theologen ein Reden von Medienreligion für plausibel halten, weshalb der Vorwurf einer theologischen Vereinnahmung der Massenmedien hier nicht gänzlich von der Hand zu weisen ist.

massenmediale Sinnsysteme im Film   Praktisch-theologisch ergiebiger als eine Diskussion um die Existenz einer das Christentum quasi ablösenden Medienreligion dürfte die Suche nach den auch impliziten religiösen Spuren im *Material* der massenmedialen Produktionen sein, wie sie zum Beispiel bei Harry Potter oder auch in Kassenschlagern wie „Titanic" (vgl. 1.3) erkennbar sind. Diese Spuren gilt es wahrzunehmen und mit der biblischen Überlieferung und dem darin enthaltenen Gottesbild in Beziehung zu setzen. So erinnert das Inthronisationsritual um das Löwenbaby Simba in der Disney-Produktion „Der König der Löwen" (1994) deutlich an die christliche Taufe. Unter Aufnahme asiatischer und naturmythischer Deutungsmuster wird das Christliche im Verlauf des weltweit überaus erfolgreichen Zeichentrickfilms jedoch stark umgeformt. Das Naturgesetz und der ewige Kreislauf des Lebens bestimmen die Weltdeutung bzw. die implizite Religion, sodass die Natur als „Ursprungs- und Ordnungsmacht im Sinnsystem des Films" (Herrmann, 217) erscheint. Problematisch sind daran aus theologischer Perspektive eine Verklärung der zutiefst widersprüchlichen Natur und eine Ableitung ethischer Normen aus ihr, vor allem das Recht des Stärkeren, das im „König der Löwen" letztlich zelebriert wird. Gegen eine Überhöhung der „Natur" hat sich bereits Albert Schweitzer (1875–1965) kritisch mit der nüchternen Feststellung gewandt: „Die Natur kennt keine Ehrfurcht vor dem Leben". Dieses Beispiel zeigt, wie dicht die Praktische Theologie auch im Bereich der Massenmedien mit den theologischen Grundfragen nach dem Gottes- und Weltverständnis verknüpft ist.

„Du sollst dir kein Bildnis machen" – dieses Verbot dürfte den Kunstfreund wie die Kinogängerin, den Pressefotografen wie den Webdesigner zunächst einmal befremden. Ein besonderes Merkmal der massenmedialen Sinnsysteme ist schließlich ihre ausgeprägte Visualität. Häufig beschreibt man diesen Umstand mit der Bezeichnung „iconic turn" (Gottfried Boehm) und meint damit u. a. die Verlagerung vom Vorrang der sprachlichen zur visuellen Information, vor allem angesichts des Leitmediums Fernsehen. Gerade für den Protestantismus als Kirche des Wortes stellt die Wendung hin zum Bild eine Herausforderung dar. Der Konflikt um das Medium Bild und die Frage nach der Legitimität seines Gebrauches hat bereits die Kirchengeschichte über weite Strecken geprägt. Dabei ging es jedoch vor allem um die liturgische Frage, ob sich das alttestamentliche Bilderverbot (vgl. Ex 20,4) auch auf die Darstellung biblischer Gestalten, vor allem des Menschen Jesus Christus, in der kirchlichen Kunst beziehe. Bilderstürmer, sogenannte Ikonoklasten, rechtfertigten ihr Tun mit dem Hinweis auf die drohende Vergötzung religiöser Darstellungen. Für die Praktische Theologie wie für die Kirche dürfte die Aufgabe beim Umgang mit Bildern darin liegen, eine Balance zu finden: Auf der einen Seite besteht die Gefahr, aufgrund einer zu starken Betonung des Hörens und Lesens eine Art Wortfetischismus zu pflegen, der den menschlichen Sinnen jenseits des Hörens grundsätzlich misstraut und nicht berücksichtigt, dass ohne sprachliche Bilder gar nicht von Gott geredet

Kritik an Menschen-, Welt- und Gottesbildern

werden kann. Was für die Lektüre eines Textes gilt, trifft im Idealfall auch für die Betrachtung eines Bildes zu: Beide sind interpretationsbedürftig und müssen individuell „gelesen" werden. Andererseits kann es nicht darum gehen, sich möglichst intensiv an die bilddominierte Medienkultur anzupassen, indem etwa der protestantische Wort-Gottesdienst für die Übertragung im Medium Fernsehen opulent durch Bilder aufgeladen wird, um den Zeitgeschmack eines möglichst großen Publikums zu treffen. Vor allem aber unterstreicht das Bilderverbot den Auftrag, die massenmedial vermittelten *Menschen- und Weltbilder* wahrzunehmen und hinsichtlich ihrer möglichen Stereotype kritisch zu hinterfragen.

5. Massenmediale und kirchliche Weltwahrnehmung und Gestaltung

Weltwahrnehmung als journalistische und pastorale Aufgabe

Unter den Medienschaffenden nehmen neben den Filmproduzenten die Journalisten eine zentrale Stellung ein. Deren Kernaufgabe ist es, die Welt detailliert wahrzunehmen, die Phänomene der Welt zu gewichten und die wahrgenommenen Themen, Ereignisse und Personen in eine sprachlich leicht verständliche Form zu bringen. Das Spektrum der Wahrnehmung ist im Grunde genommen unbegrenzt; es erfährt seine Einschränkung hauptsächlich durch die Frage, was für die jeweilige Zielgruppe zwischen „Bild" und „Financial Times Deutschland", zwischen der „Tagesschau" und „RTL explosiv" als interessant erachtet wird. Vor allem vor dem Hintergrund eines ästhetischen Zugangs zur Praktischen Theologie (siehe 1) verbindet sich die Kernaufgabe der professionellen Weltwahrnehmung von Journalisten mit dem Beruf des Pfarrers. Wenngleich dessen Auftrag speziell darin besteht, den Wahrnehmungsraum *Gottes* zu öffnen, so geht es doch in gleichem Maß auch um eine genaue Wahrnehmung und Interpretation der irdischen Welt – freilich nicht aus der journalistischen Distanz heraus, sondern bewusst im Kontext der biblischen Wahrnehmungsperspektive. Vom Journalismus könnte die pastorale Wahrnehmung vor allem die Konkretion lernen. So leiden nicht wenige Predigten oder Fürbittgebete darunter, dass oftmals unspezifisch von „den Problemen" der

Welt oder „den Ängsten" der Menschen gesprochen wird. Auch pastorale Traueransprachen enthalten nicht selten ein dürres Gerüst biografischer Daten des Verstorbenen. Ganz anders etwa die wöchentliche Rubrik „Nachrufe" im Berliner „Tagesspiegel" (www.tagesspiegel.de/berlin/nachrufe): Jeden Freitag wird dort journalistisch dreier verstorbener, nichtprominenter Menschen gedacht und ihr Leben anschaulich und detailliert nacherzählt. So beginnt der Nachruf auf eine im Alter von 93 Jahren verstorbene Frau: „Auf dem schwarzen Ledersessel neben der Pforte sitzt heute nur noch selten jemand. ‚Früher', sagt die Pförtnerin des Katholischen Frauenbundhauses, ‚früher saß hier immer die Frau Napieray. Stundenlang saß sie dort, tief in den Polstern. Mit großen Augen verfolgte sie, wie Bischöfe, Kardinäle und weltliche Prominenz [...] eintrafen. Sie wollte ein bisschen am Leben schnuppern. Sie wollte Gesellschaft haben.' Elisabeth Napieray erwartete nicht viel vom Leben. Auf eine anrührende Weise war sie ihrem Schicksal dankbar: ‚Was habe ich es gut, ich habe ein sauberes Bett. Es gibt fließend heißes Wasser, und meine Stube ist beheizt'." – Es wäre auch eine pastorale Aufgabe, bei Beerdigungen solche Lebenswege einfühlsam nachzuerzählen und diese mit einem biblischen Text in Beziehung zu setzen.

Untrennbar mit der Weltwahrnehmung verbunden ist die sprachliche und formale Gestaltung. Anders als die klassischen literarischen Gattungen Drama, Epos und Lyrik sind dem Publikum der Massenmedien heute vor allem die journalistischen Darstellungsformen wie Bericht oder Interview, Porträt oder Reportage vertraut. Dies gilt für den Abonnenten der „Frankfurter Allgemeinen Zeitung", aber auch für den Leser der „Bravo". Vor allem die mögliche Dreiteilung der journalistischen Tätigkeit in informierende, narrative (erzählende) und kommentierende Funktionen ist auch für die pastorale Rede hilfreich. Auch die Grundunterscheidung eines „RedensÜber" und eines „RedensIn" (siehe 3.6.2) kann an die unterschiedlichen journalistischen Formen anknüpfen. So macht es einen Unterschied, ob der Journalist bzw. der Pfarrer ein thematisches Feature bzw. eine Themenpredigt über das Leiden Unschuldiger in dieser Welt verfasst oder ob beide im Stil einer Reportage oder eines Porträts

pastorale Rede und journalistische Formen

von einem Menschen erzählen, der in seinem Leid wie Hiob mit Gott ringt. Ferner fällt vor allem bei ethischen Problemen auf, dass zum Beispiel ein derart komplexes Thema wie die Gentechnik manchmal besser in Gestalt einer Reportage aufgehoben ist als in einer kirchlichen Stellungnahme im Stil einer Nachricht.

Als Beispiel sei aus zwei Texten aus der „Süddeutschen Zeitung" (SZ) zitiert. Unter der Überschrift „Warnung vor Missbrauch der Gentechnik" heißt es in einem knappen Bericht vom 19.3.2001 u. a.: „Der Limburger Bischof Franz Kamphaus warnte vor gentechnischen Methoden wie der pränatalen Diagnostik. Der menschliche Eingriff in die Fortpflanzungsprozesse berge die Gefahr, dass Eltern ihre Kinder als Spiegelbild ihrer Träume und Wünsche erschaffen." – Auf Seite Drei der SZ fand sich am 2.1.2001 eine Reportage unter der Überschrift „Präimplantationsdiagnostik – auf diese Methode setzt ein junges Paar aus Moers alle Hoffnung, die Weitergabe eines Erbgutschadens zu vermeiden." Auf die Frage der Journalistin, ob sie ein Recht auf ein gesundes Kind hätten, heißt es über die schwangere Frau: „,Wer hat denn etwas gegen die Behandlung?', fragt sie zurück. Kirchen haben etwas dagegen, weil sie den unbeschränkten Zugriff auf das Leben fürchten. [...] Jetzt verdreht Anna Herder die Augen. ,Ich bin ein gläubiger Mensch', sagt sie dann, ,aber man muss doch selbst entscheiden können.' Ihr Mann ist unruhig geworden, als fühle er sich nicht wohl in seiner Haut. ,Irgendwie kann man schon verstehen, dass wir nicht Gott spielen dürfen', sagt er leise. Neulich hat er überlegt, was die Ärzte mit den Embryonen ,so alles ranzüchten' können, ganz mulmig ist ihm da geworden."

Die erzählenden Formen werden der Komplexität religiöser Phänomene und ethischer Probleme oftmals besser gerecht als der reine Nachrichtenjournalismus oder die Predigt im Stile eines Referates, welches quasi über den Text berichtet. Dies muss auch die evangelische Presse- und Öffentlichkeitsarbeit berücksichtigen: So gilt es, neben den durchaus notwendigen Äußerungen von Kirchenvertretern für den Nachrichtenjournalismus auch die journalistische Form der Reportage zu nutzen. EKD-Pressesprecher Udo Hahn hat dies auf die Kurzformel „Statements und Stories" gebracht.

6. Bibel, Kirche und Zeitung – ein Ausblick

Bei der gegenwärtig florierenden massenmedialen Präsenz von Religion fällt nicht zuletzt auf, wie intensiv und kreativ dabei oftmals mit religiöser Sprache umgegangen wird. Dies geht über die eigentliche Wahrnehmung von Religion und Kirche hinaus – zum Beispiel im täglichen „Streiflicht" der „Süddeutschen Zeitung", aber auch im Boulevardjournalismus. So erinnerte das „Streiflicht" am 3.11.2003 an die biblische Schöpfungsgeschichte – und kontrastierte deren bescheidene Unaufgeregtheit mit dem medialen Getöse, das entsteht, wenn jedes Ereignis als „jahrhundertschwer" beschrieben wird: „Die neue Woche wird hoffentlich langweilig. Die letzten Tage nämlich waren aufregend, aber auch erdrückend. Steinschwer lag der so genannte Mantel der Geschichte auf unseren Schultern. Zwei ergreifende Fernsehabende mit Willy Brandt, dazu eine Dokumentation über Brandt, die Jahrhundertgestalt. Bebende Berichte vom neuen Picasso-Museum in Malaga und über Picasso, den Jahrhundertkünstler. Prickelnde Reportagen über den Jahrhundertwein, auf den sich Deutschland nun freuen darf, nach dem Jahrhundertsommer, im Jahr nach der Jahrhundertflut. [...] Kurzum: eine Zeit voller Jahrhundertereignisse liegt hinter uns, und man fragt sich schon, wie viele solche Jahrhundertwochen ein Mensch im Jahr ertragen kann. [...] Man könnte sich schon wieder maßlos aufregen und vom Jahrhundertschwachsinn sprechen. Aber wir wollten ja eine langweilige Woche haben, eine gemütliche, also lassen wir es. Warten wir lieber auf den Jahrhundertwein [...]. Und suchen wir bis dahin Trost bei der Geschichte vom Anfang aller Dinge. Als der Herr das Licht und die Finsternis trennte, die Erde schuf und das Meer, die Vögel und die Seeungetüme. ‚Und Gott sah, dass es gut war.' Welch eine geradezu göttlich bescheidene Formulierung, welch eine himmlische Untertreibung im Angesicht eines Jahrmilliardenwerkes! Und sah, dass es gut war. Mehr nicht. [...]"

Nicht zuletzt sind es Journalisten, die der Kirche von außen ins Gedächtnis rufen, dass die sprachliche Weitergabe des Glaubens ihr „Kerngeschäft" sei, so Jan Ross unter der Überschrift „Mehr

Mut zur religiösen Sprache

Gott wagen" in der „Zeit" vom 28.5.2003. Für das kirchliche Reden bedeutet dies: Natürlich gilt das Ziel, auf eine unverständliche kirchliche Binnensprache zu verzichten, um in der Mediengesellschaft verstanden zu werden. Dies darf jedoch nicht dazu führen, dass die religiöse Sprache gänzlich versteckt wird. Vielmehr gilt es für Pfarrer wie für Journalisten, Mut zur religiösen Sprache zu haben, um vielleicht gerade dadurch wahrgenommen zu werden.

Fragen:

Fragen

1. Lesen Sie eine Woche lang intensiv mehrere Zeitungen und Zeitschriften auf ihre journalistische Wahrnehmung von Religion hin und vergleichen Sie diese mit der Präsenz der Religionen in den elektronischen Medien. Anhand welcher publizistischer Kriterien können Sie die Beiträge beschreiben und zu welchem Gesamteindruck kommen Sie?

2. Der Getränkeproduzent „Bionade" machte einer Nürnberger Innenstadtgemeinde im Jahr 2008 folgendes Angebot: Wenn das Unternehmen die Kirchenfassade als überdimensionale Werbefläche („Tu Gutes in Dich") nutzen darf, erhält die Kirchengemeinde monatlich 10.000 Euro – Geld, das für die Sanierung dringend benötigt wurde und praktisch nicht vorhanden war. Wägen Sie das Pro und Contra aus praktisch-theologischer Perspektive ab.

3. Als der Luxusdampfer „Sun Vista" im Mai 2000 mit mehr als Tausend Menschen an Bord sank, sangen die in die Rettungsbote fliehenden Passagiere Celine Dions Titelmelodie von „Titanic": „My heart will go on". Sie hätten das Lied gesungen, um ihre Ruhe zu bewahren, erzählten sie später. Nehmen Sie diesen Fall zum Anlass, um über die Legitimität der Rede von „Medienreligion" zu diskutieren.

3.6 Sprache

1. Sprache und ihre Bedeutung

Eine Pfarrerin predigt im Gottesdienst, eine Gemeinde betet mit Worten von Dietrich Bonhoeffer und ein altes Ehepaar mit einem Choral von Paul Gerhardt, ein Journalist schreibt einen Kommentar zum Karikaturenstreit, in einem Krankenzimmer segnet eine Seelsorgerin ihr Gegenüber, eine Lehrerin steht vor der Klasse ihrer Grundschule und erzählt ein Gleichnis Jesu in ihren eigenen Worten nach, ein Dichter klagt Gott an, eine EKD-Synode grübelt über einem Text, der ein neues Leitbild von Kirche formulieren soll. – Die Aufzählung ließe sich verlängern, und es würde sich doch nur immer wieder zeigen, wie grundlegend die Dimension der Sprache für das Handeln der Kirche, für die Tradierung des Glaubens und für die Weitergabe religiöser Erfahrungen ist. Kein Wunder, dass es in der Praktischen Theologie ganz wesentlich darum geht, *Sprache* und ihre Verwendung zu bedenken.

<small>grundlegende Bedeutung der Sprache</small>

Eine Beobachtung wurde dabei in den vergangenen Jahren grundlegend: Sprache ist nicht nur Mittel zum Zweck. Sie dient nicht nur der Weitergabe von Informationen und Sachverhalten, die auch „jenseits der Sprache" irgendwie vorlägen. Vielmehr hängen Weltwahrnehmung und sprachliche Gestaltung unmittelbar zusammen. Es gilt daher für Theologinnen und Theologen, sensibel zu werden für die Möglichkeiten und Grenzen der Sprache. Mit ihrer Hilfe wird nicht nur abgebildet, was ist, sondern Wirklichkeit erkannt. Damit gilt auch: Die Art und Weise, *wie* ich etwas sage, ist niemals zu trennen vom Inhalt dessen, *was* ich sage. Am einfachen Beispiel formuliert: ein Liebesbrief wird eine andere Sprache finden müssen, um angemessen zu sein, als ein Brief ans Finanzamt. Die Vermischung der Formen wäre geradezu grotesk. Genau dies gilt auch für das Reden in kirchlichem Kontext. So wird eine Predigt am Pfingstsonntag eine andere Sprache wählen als eine dogmatische Vorlesung zum Thema des „Heiligen Geistes" an einer theologischen Fakultät. Theoretisch jedenfalls. Denn hier beginnen bereits die Probleme. So evident die Unterscheidung verschiedener Sprachebenen

<small>Sprache und Wirklichkeit – Form und Inhalt</small>

und Sprachformen je nach dem Inhalt ist, der kommuniziert werden soll, so wenig wird diese Unterscheidung in allen Vollzügen der Kommunikation des Glaubens bedacht. Deshalb klingen manche Predigten eben doch wie Vorlesungen „light" – was sicherlich schwerer zu ertragen ist, als wenn umgekehrt manche Professorin oder mancher Dozent plötzlich in der Vorlesung zu predigen beginnt. Stimmig allerdings ist beides nicht.

Es geht in diesem Kapitel darum, dem Phänomen der Sprache auf die Spur zu kommen und Sprache als grundlegende *Dimension* kirchlichen Handelns und glaubender Existenz zu verstehen. Wir stellen dazu drei Zugänge zum Phänomen der Sprache vor, die in der (Praktischen) Theologie der vergangenen Jahrzehnte eine Rolle gespielt haben, die Rhetorik, die Semiotik und die Sprechakttheorie. Diese Zugänge verstehen sich nicht alternativ, sondern als unterschiedliche Reflexionsperspektiven, die insgesamt einen Blick auf das vielschichtige Phänomen der Sprache ermöglichen.

2. Rhetorik

Rhetorik und Manipulation

Rhetorik hat in Deutschland nicht erst, aber doch ganz besonders seit den Erfahrungen des Dritten Reichs keinen guten Ruf. Die Reden Adolf Hitlers oder seines Reichspropagandaministers Joseph Goebbels dienten zur Manipulation des deutschen Volkes und bedienten sich dazu auf gekonnteste Weise rhetorischer Mittel. Durch das, was gesagt wurde, und durch die Art und Weise, wie es gesagt wurde, gelang es, Menschenmassen negativ zu beeinflussen. Klare Alternativen (Wir, die Guten – die Anderen [Juden, Bolschewisten etc.], die Schlechten), markante Bilder, Wort- und Satzwiederholungen, Steigerungen, Ausrufe, (rhetorische) Fragen – diese und andere sprachliche Mittel dienten dazu, kritisches Bewusstsein bei den Hörerinnen und Hörern im Saal, am Volksempfänger oder während der im Kino gezeigten Wochenschau nach Möglichkeit auszuschalten und einfache Botschaften eines rassistischen, totalitären und religiös verbrämten Weltbildes zu vermitteln.

Kritische Kirchenvertreter und Theologen wehrten sich gegen diese Art der manipulativen Rhetorik und folgerten, dass ein solches Reden in der Kirche nichts zu suchen habe. Eduard Thurneysen hatte bereits während des Ersten Weltkrieges erschreckt zur Kenntnis genommen, wie sich Prediger als rhetorische Kriegstreiber gebärdeten und warnte 1921 davor, predigend als „Agitator und Krämer" aufzutreten. Er formulierte den Leitsatz: „keine Beredsamkeit" auf der Kanzel. Auch Karl Barth war prinzipiell dieser Meinung, wusste aber zugleich, dass Prediger daher umso sorgfältiger mit der Sprache umgehen müssen. In seiner Homiletik-Vorlesung 1932/33 in Bonn sagte er: „Die Predigt verlangt eine ordentliche Sprache [...]. Form und Inhalt sind in der Predigt [...] nicht zu trennen; zum rechten Inhalt gehört die rechte Form" (100).

Trotz Barths Einsicht in die Bedeutung der formalen Sprachgestalt und in den Zusammenhang von Form und Inhalt und trotz der Tatsache, dass die Vertreter der „Wort-Gottes-Theologie" selbst Redekünstler waren, wurde die Alternative Rhetorik vs. wahrhaftige Rede von Gott und Welt in der Nachkriegszeit in Deutschland hochgehalten. Bisweilen ist diese Gegenüberstellung bis in die Gegenwart anzutreffen. Sie argumentiert aber – worauf etwa der Tübinger Rhetorikprofessor Walter Jens (geb. 1923) unermüdlich hinwies – mit einem verengten Verständnis von Rhetorik. Denn Rhetorik ist zunächst nicht mehr und nicht weniger als die „Reflexion auf Voraussetzungen, Intentionen, Gestaltungsformen und Rezeptionsbedingungen menschlicher Rede" – und als solche „eine der ältesten Wissenschaften der abendländischen Bildungsgeschichte" (Grözinger 2007, 821). Als wissenschaftliche Reflexion auf die Kunst der Rede ist sie „neutral"; freilich lassen sich ihre Erkenntnisse (wie die jeder anderen Wissenschaft auch) zum Guten oder Schlechten gebrauchen.

Rhetorik als Reflexion von Rede

Auf dem Hintergrund der Diskussion über die Bedeutung der Rhetorik im deutschsprachigen Kontext ist es kaum verwunderlich, dass Gert Otto (1927–2005) mit seinem Buchtitel „Predigt als Rede" im Jahr 1976 heftig provozieren konnte. Die Einordnung der Predigt in den Bereich der öffentlichen Rede und die damit zusammenhängende Reflexion der Predigt im Kontext der Rhetorik war zum Zeitpunkt des Erscheinens des Buches al-

Rhetorik – instrumentell und hermeneutisch

les andere als selbstverständlich. Genau diese Einordnung aber möchte Gert Otto für die Predigt fruchtbar machen. Dabei leitet ihn ein weites Rhetorikverständnis, das es nicht damit zu tun hat, Rhetorik lediglich als ein *Instrument* zu betrachten, um Predigtinhalte möglichst persuasiv zu vermitteln. Ottos Rhetorikbegriff ist nicht *instrumentell*, sondern *hermeneutisch*. „Mit dem *Weg*, auf dem ich Wahrheit finde, und mit der *Weise*, sie andern mitzuteilen, damit es *ihre* Wahrheit werde, hat es Rhetorik zu tun", so schreibt Otto (9).

Rhetorik und die Rede von Gott

Bereits von Jesu Umgang mit Sprache ist zu lernen. Dass er Gleichnisse erzählte, ist nicht nur ein Weg, um den einfachen galiläischen Bauern und Handwerkern die komplexe Botschaft vom Reich Gottes irgendwie verständlich zu machen. Vielmehr ist das Gleichnis ein Sprachkunstwerk, das die Hörerinnen und Hörer bereits hineinholen kann in die Wirklichkeit des Gottesreiches. Komplex, aber treffend formulierte Eberhard Jüngel: „Die Gleichnisse Jesu bringen die Gottesherrschaft *als* Gleichnis zur Sprache" (135). Und auch die Propheten der Bibel bedienen sich nicht einfach nur unterschiedlicher rhetorischer Mittel, sondern eröffnen neue Einsichten und Wahrnehmungen, indem sie zum Beispiel Liebeslieder aufnehmen und umformen (vgl. Jes 5), Gerichtsworte sprechen, Verheißungen in Bildern ausmalen. Die große Frage der Theologie, wie angemessen von Gott gesprochen werden kann, ist auch eine Frage an die Rhetorik.

RedenIn und RedenÜber

Ein Beispiel: Martin Nicol und Alexander Deeg haben in den vergangenen Jahren das Konzept der „Dramaturgischen Homiletik" vorgelegt. Es geht darum, mit der eigenen Predigtsprache so in die Worte, Bilder und Geschichten der Bibel hineinzuführen, dass sich Hörerinnen und Hörer idealiter *in* diesen Worten und ihren emotionalen sowie kognitiven Bewegungen wiederfinden. Eine vereinfachende Grundunterscheidung zweier Sprachebenen wird im Rahmen der Dramaturgischen Homiletik wichtig: Es gibt *RedenÜber* und *RedenIn*. Das *RedenÜber* ist vor allem akademisch eingeübt. Es ist die Sprache, die auf Phänomene des Lebens und Glaubens aus einiger Distanz blickt, diese zusammenfasst und auf den Punkt bringt. *RedenIn* hingegen bezeichnet eine Ebene der Sprache, die sich in Ereignissen bewegt und teilhaben lässt an dem, was geschieht. Am konkreten Beispiel: Im ersten Gottesknechtslied (Jes 42,1–9) präsentiert Gott den Knecht, den Auserwählten, der „das geknickte Rohr" nicht zerbricht und „den glimmenden Docht" nicht auslöscht, der „die Augen der Blinden" öffnet und die Gefangenen befreit. In einer Predigt könnten dazu „klassisch" folgende Sätze gebildet werden, die sich als *RedenÜber* bestimmen lassen:

> „Liebe Gemeinde,
> um eine sanfte Befreiung geht es hier. Eine sanfte Revolution durch den himmlischen Knecht. Wenn der Gottesknecht unterwegs ist, wird Hoffnung laut für das Volk in der Gefangenschaft. Eine sanfte Befreiung – auch heute. Der Gottesknecht ist noch immer unterwegs. Er begibt sich auf den Weg zu allen Menschen. Auch in auswegloseste Situationen kommt er hinein. Und auch in den Kleinigkeiten unseres Alltags ist er da."

Hier werden – sicherlich richtige – Aussagen und Behauptungen aneinandergereiht (in durchaus nicht völlig bildlos-unemotionaler Sprache). Ganz anders spricht Karl-Heinrich Bieritz in einer Predigt zu diesem Text. Er verbindet Impressionen aus Rostock mit dem Wirken des Gottesknechts. Gerade hatte Bieritz in seiner Predigt beschrieben, wie der Knecht unter himmlischem Trommelwirbel und mit Fanfarenklängen präsentiert wird. Dann fährt er wie folgt fort:

> „Der Trommelwirbel verebbt, die Fanfaren verstummen mit letzten krächzenden Tönen. Unbemerkt macht ER sich davon. Lädt den Säufer am Kröpeliner Tor zu einer Tasse Kaffee ein. Schenkt dem Rumänenkind am Wikingburger ein Überraschungsei. Diskutiert mit den Glatzköpfen, die es bedrängen. Sitzt plötzlich neben dir in der S-Bahn, unaufdringlich, aufmerksam. ,Mach weiter, gib nicht auf – es hat Sinn!' Lacht dich an wie ein Kind. Bläst dir Mut zu, so daß dein Licht wieder brennt – *den glimmenden Docht wird er nicht verlöschen*. Hilft dir auf die Beine, gibt dir einen Stoß in den Rücken, daß du wieder Haltung gewinnst – *das geknickte Rohr wird er nicht zerbrechen*" (Im Wechselschritt zur Kanzel, 62f.).

Der Unterschied von *RedenÜber* und *RedenIn* wird deutlich. Freilich: *RedenIn* ist nicht einfach generell „besser", *RedenÜber* nicht von vornherein schlecht und unbrauchbar. Es gilt aber, genau zu reflektieren, wo welche Art von Reden Sinn macht. Die Rhetorik als Reflexion auf die Sprache und ihre Verwendung stellt hierzu die Hilfsmittel bereit.

3. Semiotik

Semiotik – Analyse von Zeichen und ihrer Wirkung

Das Ziel der Semiotik besteht darin, die Gestalt, Funktion und Wirkung von (keineswegs nur, aber auch sprachlichen) *Zeichen* zu analysieren (gr. *semeíon* = Zeichen), von „Dingen" also, die für etwas anderes stehen. Dies scheint simpel, wenn es etwa um Verkehrsschilder geht. Wie ein Stopp-Schild aussieht (achteckig, weißer Rand, roter Hintergrund mit weißer Schrift), was seine Funktion ist (den Verkehr an einer Kreuzung zu regeln) und was es im idealen Fall bewirken soll (die Autofahrer, die dieses Schild sehen, zum Anhalten zu bringen, damit sie sich umsehen und erst bei freier Straße weiterfahren) ist evident. Freilich funktioniert der Zeichenprozess nur, wenn die Autofahrer in die Konventionen eingeübt sind und das Zeichen am Straßenrand entsprechend deuten. Stellt man aber dasselbe Stopp-Schild ins Museum of Modern Art in New York, so wird all dies sofort fraglich und das Zeichen vieldeutig. Vielleicht sieht ein Betrachter dieses Schild und erkennt darin die Warnung des Künstlers vor einer überregulierten Welt mit allzu vielen Verboten, eine andere nimmt den energischen Aufruf wahr, die globale Erwärmung der Erde zu stoppen, und ein dritter deutet das Zeichen als künstlerische Selbstironie und Hinweis auf die überbordende Fülle der Produktion „sinnloser" Kunst in der Gegenwart. Die vermeintliche Eindeutigkeit des Zeichens gibt es nicht. Je nach Kontext, je nach Betrachter bedeutet es Unterschiedliches. Charles Sanders Peirce (1839–1914), der Vater der modernen Semiotik, sagte: „A sign is something which stands to somebody for something in some respect or capacity." Wichtig an diesem Satz ist die Erkenntnis, dass ein Zeichen nicht einfach „for something"/„für etwas" steht, sondern dass dies nur für eine bestimmte Person in einem bestimmten Kontext gilt.

Vieldeutigkeit von Zeichen

Es ist kaum verwunderlich, dass semiotische Überlegungen zunächst für die Liturgik, die Lehre vom Gottesdienst, entscheidend wurden (siehe 2.2). Denn hier werden ständig sprachliche und außersprachliche Zeichen gesetzt und rezipiert. Ein einfaches Beispiel: Wenn ein katholischer Priester zu Beginn des Gottesdienstes die Worte „Im Namen des Vaters und des Sohnes und des Heiligen Geistes" spricht und sich dabei bekreuzigt, so setzt er damit ein sprachliches und gestisches Zeichen. Eindeutig aber ist es nicht. Er selbst versteht das Kreuzeszeichen vielleicht als bewusste Einbeziehung seiner Person in ihrer ganzen Leiblichkeit in die Feier im Namen des dreieinigen Gottes. Oder als christologische Fokussierung der von ihm gesprochenen trinitarischen Formel. Oder als Einreihung in die Schar der Feiernden, da sich alle Anwesenden in diesem Moment ebenfalls mit dem Zeichen des Kreuzes bezeichnen. Kommt ein evangelischer Christ in einen katholischen Gottesdienst, so empfindet er das Bekreuzigen hingegen nicht selten als typisch katholischen Identitätsausweis, obgleich es etwa für Martin Luther zur selbstverständlichen Praxis seiner eigenen Frömmigkeit gehörte. Bekreuzigt sich ein Stürmer im Fußballstadion vor einem Elfmeter, so wird dasselbe Zeichen wiederum sehr anders gedeutet werden. Ein Zeichen und seine Bedeutung sind nicht einfach linear miteinander verbunden. Jedes Zeichen ist vieldeutig – und das macht die Semiotik als Lehre von den Zeichen zu einer faszinierenden, aber durchaus komplexen Disziplin.

Die beiden bisherigen Beispiele (Stopp-Schild und Kreuzeszeichen) zeigen, dass die *Semiose*, der Prozess des Umgangs mit Zeichen, ein vielschichtiger Prozess ist. Es gibt das Bezeichnende (das Schild, das Kreuzeszeichen; seit den Arbeiten von Ferdinand de Saussure [1857–1913] häufig Signifikant genannt). Das Bezeichnete (Saussure spricht hier von Signifikat) aber existiert nur im Plural und hängt von den Kontexten, in denen das Bezeichnende begegnet, ebenso ab wie von dem Vorwissen, den individuellen Prägungen, der momentanen Situation und Gefühlslage derjenigen, die das Bezeichnende entschlüsseln.

<small>Signifikant, Signifikat, Semiose</small>

Bleiben wir noch einen Moment beim Kreuzeszeichen, so wird gleichzeitig ein weiterer Aspekt deutlich: Mit dem Siginifikat ist die Semiose, der Prozess der Zeichendeutung, keineswegs am Ende angelangt. Denn jedes Signifikat ist wiederum erneut ein Signifikant, der Zeichenprozess geht immer weiter. Führt man diese Kette der Deutungen am Beispiel aus, so könnte sie z. B. wie folgt (oder auch ganz anders!) aussehen: Das bezeichnete /Kreuz/ meint „Christus", /Christus/ meint „Messias", /Messias/ meint „Gesalbter", /Gesalbter/ meint „Erlöser", /Erlöser/

<small>unendliche Semiose und offenes Kunstwerk</small>

bedeutet „Rechtfertigung", /Rechtfertigung/ bedeutet „Gnade" ... [Die hier angewandte Schreibweise ist in der Semiotik eingeführt; der Signifikant wird dabei zwischen zwei Schrägstriche gesetzt.] Umberto Eco (geb. 1932; seit 1971 Professor für Semiotik in Bologna) konnte zu Recht von einer „unendlichen Semiose" sprechen. Von Eco stammt auch der Begriff „offenes Kunstwerk": Ein Kunstwerk bedeutet nicht einfach etwas, sondern ist ein Signifikant, das zu offener (aber nicht völlig beliebiger!) Semiose Anlass gibt. Durch die Arbeiten von Gerhard Marcel Martin wurde diese Begrifflichkeit 1984 auf die Predigt übertragen (siehe 2.3.3).

der Referent und die außersprachliche Realität

Natürlich gibt es auch einfachere Zeichenprozesse, etwa bei Eigennamen. „Angela Merkel" verweist eindeutig auf eine 1954 geborene CDU-Politikerin (oder fast eindeutig, denn sicher gibt es in Deutschland noch ein paar Frauen desselben Namens). Komplexer ist es immer dann, wenn es um sprachliche Zeichen geht, deren Bezug nicht so klar zu bestimmen ist. Gleich in einem theologischen Beispiel gesprochen: Der Begriff „Reich Gottes" bedeutet – wie leicht empirisch erwiesen werden könnte – in unterschiedlichen Kontexten und für unterschiedliche Menschen Verschiedenes. Wenn er in einem Gottesdienst verwendet wird, dann werden die einen an Jesus und sein Wirken denken, an Heilungen oder gemeinsame Mahlzeiten mit Zöllnern und Sündern, die anderen an das Bild vom neuen Jerusalem, in dem Gott abwischen wird alle Tränen, wieder andere werden politische Hoffnungsbilder vor Augen haben oder Szenen gelingenden Lebens und einige werden wohl gar nichts mit dem Begriff verbinden und ihn als unverständliches theologisches Fachwort einordnen. An dieser Stelle dient das sog. *semiotische Dreieck* aus Signifikat, Signifikant und Referent als Veranschaulichung. Neu gegenüber den bisherigen Begriffen taucht der „Referent" auf. Zunächst ein einfaches Beispiel aus dem Alltag: Wenn der Meister auf der Baustelle zu seinem Lehrling sagt: „Bring mir bitte einen Eimer", dann wird das Wort „Eimer" (=Signifikant) von diesem Lehrling, wenn er des Deutschen mächtig ist, wohl allermeist so entschlüsselt, dass das Bild eines zylindrischen, oben offenen und mit einem Henkel ausgestatteten Gefäßes entsteht

(=Signifikat). Wenn der Lehrling dann mit diesem Bild im Kopf losläuft, dann macht er sich auf die Suche nach einem „Referenten", nach einem konkreten, außersprachlich, „real" existierenden Eimer. So weit, so einfach. Wie aber ist es mit dem Begriff „Reich Gottes"? Hier gibt es – wie bereits angedeutet – zunächst einmal sehr unterschiedliche Signifikate, je nach Hörer und Situation. Noch schwieriger aber ist die Frage nach dem „Referenten" zu beantworten, nach der außersprachlichen Realität. Faktisch „gibt" es das „Reich Gottes" nicht jenseits von neuerlichen Zeichenprozessen, die wiederum gedeutet werden müssen: im Wort der Verheißung, in Brot und Wein, im Wasser der Taufe.

Es leuchtet ein, dass an dieser Stelle wiederum besonders die Homiletik, die Predigtlehre, herausgefordert ist. Der in seiner grammatischen Struktur äußerst schlichte Satz: „Liebe Gemeinde. Das Reich Gottes ist nah und fern zugleich." ermöglicht umfangreiche Analysen und führt in eine Pluralität der Verständnisse. So eindeutig der Satz zunächst auch erscheint: Im Zeichenprozess wird er mehrdeutig, ambiguitär. Wilfried Engemann (geb. 1959), der sich wie kaum ein anderer Praktischer Theologe mit der Semiotik beschäftigt, unterscheidet zwei Weisen dieser *Ambiguität*: die *faktische* und die *taktische*. *Faktische Ambiguität* beschreibt jene Mehrdeutigkeit, die immer vorliegt, sobald irgendjemand ein Zeichen verwendet. *Taktische Ambiguität* hingegen meint den bewussten und steuernden Umgang mit dieser Mehrdeutigkeit. Es gehe, so Engemann, in allem Zeichenhandeln (also z. B. im kirchlichen Reden) darum, den Weg von der faktischen zur taktischen Ambiguität zu gehen, also Ambiguität bewusst zu lenken. Nur so führt der Reichtum vielfältiger Deutung nicht zur Beliebigkeit der Interpretation.

faktische und taktische Ambiguität

Ein Beispiel: Wird am Ende des Gottesdienstes der sogenannte „aaronitische Segen" gesprochen, so geht dieser auf Num 6,24–26 zurück. In der Luther-Übersetzung lautet er: „Der HERR segne dich und behüte dich; der HERR lasse sein Angesicht leuchten über dir und sei dir gnädig; der HERR hebe sein Angesicht über dich und gebe dir Frieden." In der Diskussion des 20. Jahrhunderts wurden vor allem zwei sprachliche „Kleinigkeiten" häufig thematisiert und problematisiert: (1) Was geschieht,

Sprachform des Segens

wenn der Segen – wie in der biblischen Vorgabe – in der zweiten Person Singular gesprochen wird? In der Bibel ist klar, dass sich der Segen auf die „Israeliten" bezieht, also auf das ganze Volk (vgl. Num 6,23). Liturgisch gilt er primär der zum Gottesdienst versammelten *Gemeinde*, nicht den einzelnen Individuen, die aber natürlich als Teile der Gemeinde mit gemeint sind. Wird der Segen zu individualistisch gehört, wenn das „dich" des Segens verwendet wird? Sollte daher gesagt werden: „Der HERR segne *euch*"? (2) Das zweite Problem betrifft das Subjekt „der HERR". In der Lutherbibel ist das Wort charakteristisch in Kapitälchen gedruckt – wie immer, wenn im hebräischen Text der unübersetzbare Gottesname JHWH steht, der im Judentum aus Ehrfurcht vor Gott nie vokalisiert ausgesprochen wird. Seit alters aber wird dafür die Aussprache „HERR" verwendet (im Hebräischen: „Adonai"). Nun fragen vor allem feministische Kreise, ob „HERR" als Signifikant nicht zu Signifikaten führe, die in eine ganz andere Richtung gehen, als es der Intention des geschlechtlich nicht fixierten Tetragramms JHWH entspricht. Werden nicht automatisch patriarchale Assoziationen wach, da ja die besondere Schreibweise in Kapitälchen nie mitgesprochen werden kann? Und wird damit nicht ein bestimmtes und problematisches Gottesbild vermittelt? Sollte daher unspezifischer gesagt werden: „Gott segne dich ..."? Es wird deutlich, dass vermeintliche „Kleinigkeiten" der Sprachgestalt gar nicht so klein sind, sondern weitreichende Konsequenzen haben.

4. Sprechakttheorie

Sprechakttheorie nach Austin

Bereits die semiotische Perspektive hat deutlich gemacht, dass (sprachliche) Zeichen auf ihre Wirkung hin untersucht werden müssen. Dieser Aspekt wurde von der sog. *Sprechakttheorie* ausführlicher reflektiert. Als ihr Vater gilt John Langshaw Austin (1911–1960), der 1955 eine Vorlesungsreihe hielt, die sieben Jahre später unter dem markanten Titel „How to do things with words" publiziert wurde. Ein einfaches Beispiel: Wenn ein Besucher in einen Raum geführt wird, dort Platz genommen hat und den Satz äußert: „Es ist kühl hier drin", dann ist dies zunächst ein beschreibender Satz. Er trifft eine Feststellung. Wenn der Gastgeber ihn so aufnimmt, dann wird er darauf z. B. mit einem „Ja, ziemlich kühl" antworten. Als guter Gastgeber hört er aber mehr – z. B. die Aufforderung, das Fenster zu schließen oder die Heizung höher zu drehen. Und erst dann wird der Gast sagen können, dass sein Satz – im Sinne einer Sprechhandlung – erfolgreich war. Austin unterscheidet drei Aspekte einer sprachlichen Äußerung:

- Es gibt den *lokutionären* oder *propositionalen* Aspekt, der den Inhalt beschreibt, der auf seine „Wahrheit" hin analysiert werden kann.
- Daneben bestimmt der *illokutionäre* Aspekt das Ziel, das ein Sprecher oder Autor mit einem Satz verfolgt.
- Der *perlokutionäre* Aspekt blickt auf den Rezipienten und die Wirkung des Satzes.

Eine ähnliche Unterscheidung hat Friedemann Schulz von Thun in seinem Buch „Miteinander reden" vor Augen geführt. Er schlägt vor, sprachliche Aussagen nach ihrer Sachseite (Was sage ich?), ihrer Selbstoffenbarungsseite (Was sage ich über mich?), ihrer Beziehungsseite (Was sage ich über uns?) und ihrer Appellseite (Was will ich?) zu differenzieren.

vier Aspekte einer Aussage

Ein Problem von Sprachwahrnehmung in kirchlichem Kontext lag oftmals darin, zu einseitig auf die „Sachseite" zu achten. Man analysierte kirchliche Sätze (etwa: Sätze aus Predigten) dann z. B. nur auf ihre theologische Stimmigkeit hin, ohne zu bedenken, was die Intention dieser Sätze ist und was sie bei den Hörern auslösen. So ist der Satz „Jesus Christus starb als Opfer für unsere Sünden" zwar vielleicht dogmatisch korrekt. Wenn ein Prediger oder eine Liturgin damit aber erreichen will, dass Menschen sich befreit fühlen, so wird dies wohl nur selten gelingen. Menschen könnten nach diesem Satz auch eher bedrückt sein und sich mit einem für sie problematischen Gottes- und Menschenbild konfrontiert sehen. Die Wahrnehmung durch die Rezipienten ist konstitutiv mit einzubeziehen, wenn es um die Reflexion von Sprache geht.

Wirkung von Sprache

Es gibt sprachliche Eigentümlichkeiten kirchlicher Rede, die im Kontext der Sprechakttheorie als echte Probleme erscheinen. Eine solche Eigentümlichkeit liegt in der überaus intensiven

kirchlicher Voluntativ

Verwendung von Modalkonstruktionen vor. „Gott will uns alle trösten", einen Satz wie diesen kann man in Predigten, Andachten, Gebeten etc. hören. Ja, Sätze, in denen Gott etwas „will", begegnen so häufig, dass es sich lohnen könnte, eine eigene Bezeichnung dafür einzuführen und vom „kirchlichen Voluntativ" zu sprechen. Auf der Sachebene ist dieser Satz eine Aussage über das, was Gott vorhat, über Gottes Willen und Plan. Eine Predigerin, die diesen Satz verwendet, möchte wahrscheinlich aber die Botschaft vermitteln, dass Gott „dich", liebe Zuhörerin/lieber Zuhörer, tröstet. Sie scheut sich aber vor der direkten Aussage: „Gott tröstet uns alle" – wohl, weil diese (zu Recht!) als zu groß und angesichts der realen menschlichen Erfahrung als zu umfassend gehört würde. „Wir" erfahren oft genug nichts von Gottes Trost. Genau hier setzt das Problem der Aussage in ihrer Appellfunktion ein (nach Austin: das perlokutionäre Problem): Wie höre ich den Satz, wenn ich mich nicht getröstet fühle? Als Aussage über einen merkwürdigen Gott, der zwar „will", aber nicht „kann"? Als Aussage über mich merkwürdigen Menschen, der irgendwie Schuld daran trägt, dass der Trost nicht bei mir ankommt? Vielleicht weil ich mich „verschließe" (was auch immer das dann bedeutet)? Die vermeintliche Intention der Predigerin ist geeignet, sich in ihr Gegenteil zu verkehren: Der Versuch, etwas Tröstliches zu sagen, stößt Hörende unter Umständen nur weiter zurück in das Gefühl der Trost-Losigkeit. Umgekehrt würde es gelten, die seltsame Modalkonstruktion aufzulösen und so zu sprechen, dass es stimmig wird. Mutiger müsste dann vielleicht geredet werden (wie oben in dem Beispiel von Bieritz) oder vorsichtiger, aber in jedem Fall nicht verschleiernd wie in dem zitierten Satz.

homiletischer Lassiv   Nicht nur das Wörtchen „will" begegnet geradezu inflationär in kirchlichem Reden, sondern z. B. auch das Wörtchen „lassen". Wilfried Engemann wagt die Diagnose eines „homiletischen Lassiv" als problematischer Sprachform (evangelischer) Rede (67–69). „Wir müssen Gottes Gnade nur an uns wirken *lassen*", „Wir dürfen uns die Augen öffnen *lassen*" – Sätze wie diese gehören zum Standardrepertoire (nicht nur) evangelischer Predigt. Sie sind aber in mehrfacher Hinsicht problematisch: Als

Handlungsanweisung bleiben sie leer, weil nicht klar ist, wie das funktionieren soll: Wie lasse ich denn die Gnade Gottes an mir wirken? Gleichzeitig verschleiern sie einen eigentlich gemeinten Imperativ und kaschieren Appelle. Meint der Prediger nicht doch, dass die Hörer höchst aktiv etwas tun sollen, findet aber nicht den Mut, dies direkt zur Sprache zu bringen? Schließlich bleiben die Sätze theologisch unklar. Der Indikativ des Evangeliums, der in dem gründet, was Gott tut, verwandelt sich in die Aufforderung an den Hörer, irgendetwas zu tun. Wieso haben Predigende so wenig Mut, den Indikativ des Evangeliums direkt zuzusagen: „Gottes Gnade wirkt und verändert Dein Leben!"; „Gott öffnet die Augen – und wir sehen!"?

Mit Rhetorik, Semiotik und Sprechakttheorie liegen drei einander ergänzende Sichtweisen auf das Phänomen der Sprache vor. Es wäre möglich (und wird durchaus gelegentlich so praktiziert), die (Praktische) Theologie insgesamt als Wissenschaft von der Sprache des Glaubens zu verstehen. Sie hätte dann die Aufgabe, kritisch und konstruktiv auf die Art und Weise zu blicken, wie Glaube Sprache findet und Grundregeln zu entdecken bzw. zu formulieren. Sie würde sich dann als eine Schule der „Grammatik" der Glaubenssprache verstehen und als Ort, in dem elementares Reden wahrgenommen, reflektiert und eingeübt wird.

Fragen:

1. Ein sehr vereinfachtes Schema von Kommunikation könnte wie folgt aussehen:

Problematisieren Sie dieses vereinfachte Bild, indem Sie sich der Einsichten von Rhetorik, Semiotik und Sprechaktanalyse bedienen.

2. Jesus redet in Gleichnissen und sagt z. B.: „Das Himmelreich gleicht einem Kaufmann, der gute Perlen suchte, und

als er eine kostbare Perle fand, ging er hin und verkaufte alles, was er hatte, und kaufte sie" (Mt 13,45f.). Analysieren Sie das Gleichnis sprechakttheoretisch – und überlegen Sie dann, was Ihre Analyse für eine kurze Ansprache zu diesem Text in einer Gemeindeversammlung und für die Gestaltung einer Unterrichtsstunde zu diesem Gleichnis bedeuten könnte.

3. Im Internet ist das Leitbild des Diakonischen Werkes der EKD nachzulesen. Betrachten Sie dessen Leitsätze („Wir orientieren unser Handeln an der Bibel." ...) anhand der Unterscheidungen von Austin und Schulz von Thun.

4. Praktische Theologie als Wissenschaft

4.1 Praktische Theologie als Übung vernetzten Denkens

Sie haben in diesem Buch gesehen, wie Praktische Theologie betrieben wird und grundlegende Erkenntnisse aus ihren einzelnen Arbeitsbereichen kennengelernt. Dieses abschließende Kapitel zeigt Ihnen knapp, wie die Praktische Theologie im Kontext anderer Wissenschaften (4.2) sowie im Kontext der Theologie (4.3) verortet ist. Einen wesentlichen Grundsatz praktisch-theologischen Arbeitens heben wir nochmals hervor: Praktische Theologie kann nicht (mehr) ausschließlich sektoral betrieben werden, so als ob sie lediglich aus einzelnen, voneinander getrennten Schubladen bestünde. Wenn es um die Predigt geht, dann ziehe ich den homiletischen Schub auf und schaue, was sich alles darin befindet, wenn es um die Seelsorge geht, den poimenischen.

Notwendig und zugleich reizvoll ist es vielmehr, die Vernetzungen der einzelnen Handlungsfelder zu entdecken und zu erproben. Immer wieder lässt sich ja zum Beispiel fragen: Welchen seelsorgerlichen Bezug hat die Predigt oder das Ritual des Gottesdienstes? Oder: Was lässt sich in einem Gottesdienst oder in einer Predigt lernen und wie sind folglich Pädagogik und Liturgik verknüpft? Nicht nur die Sektoren gilt es zu verknüpfen, sondern entscheidend ist es, dass diese auch mit den von uns aufgeführten Themen verbunden werden. So können Sie fragen: Wie lässt sich die religiöse Landschaft der Gegenwart beschreiben und welche Auswirkungen hat dies für die kirchliche Rede in Predigt bzw. den schulischen Unterricht? Oder: Welches Kirchenbild gehört zu welchem Verständnis von Gottesdienst bzw. Seelsorge? Diese Fragen ließen sich weiterführen und zu einem Bild der Praktischen Theologie fügen, das die einzelnen Handlungsfelder als wechselseitig miteinander verknüpftes, interagie-

Handlungsfelder und Themen in wechselseitiger Vernetzung

rendes System darstellt, zu dem verschiedene zentrale Themen gegenwärtiger Reflexion als Kontexte hinzutreten.

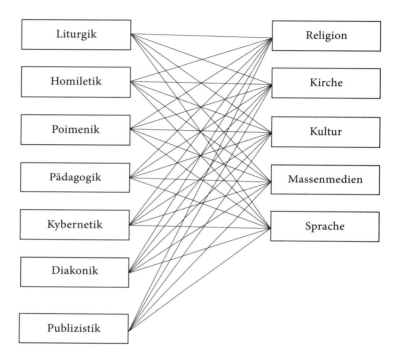

4.2 Praktische Theologie als Wissenschaft im Kontext anderer Wissenschaften

Das eben dargestellte vernetzte Bild der Praktischen Theologie bleibt immer noch unzureichend. Denn es berücksichtigt nicht, in welch starkem Maß die Praktische Theologie auf die Erkenntnisse anderer Wissenschaften angewiesen ist. Einige der wesentlichen Nachbarwissenschaften, mit denen seit Jahren enge Arbeitskontakte bestehen, haben wir in diesem Buch benannt.

Nachbarwissenschaften der Praktischen Theologie

- Für die Wahrnehmung der Gesellschaft der Gegenwart ist die *Soziologie* Partnerin der Praktischen Theologie. Aus ihr kommen nicht nur Versuche, die gesellschaftliche Lage insgesamt zu beschreiben (zum Beispiel als „Erlebnisgesellschaft"), sondern auch empirische Verfahren, um methodisch fundiert Aussagen über Aspekte der Gesellschaft machen zu können. Nicht zuletzt sind die Milieutheorien, auf die wir in diesem Buch verwiesen haben, aus der Soziologie entnommen. Für die Erforschung von Riten und symbolischem Handeln hat sich in jüngster Zeit eine eigene Wissenschaft der „Ritual Studies" herausgebildet, die aus der klassischen *Ethnologie* hervorging.

- Die allgemeine *Sprach-, Literatur- und Kommunikationswissenschaft* ist Partnerin, wo immer es um die Frage geht, wie gegenwärtig Worte und Zeichen gedeutet und gefunden werden können. Hinzu kommt die *Medienwissenschaft*, die helfen kann, aktuelle Herausforderungen der Medienlandschaft auf klassische Handlungsfelder der Kirche zu beziehen.

- Seit vielen Jahren schon ist die *Psychologie* und sind die verschiedenen Schulen der *Psychotherapie* Partner vor allem der Seelsorgelehre. Ihren Weg in die Theologie haben sich diese Disziplinen teilweise mühsam erkämpft. Gegenwärtig aber ist ihre Bedeutung unhinterfragt – wenngleich im Kontext gerade dieser Wissenschaft und ihrer zugehörigen Praxis die Frage nach dem Proprium der Theologie in besonderer Weise gestellt wurde und gestellt werden muss.

Die Psychologie spielt auch für die pädagogische Reflexion kirchlichen Handelns eine wesentliche Rolle. Ohne Erkenntnisse über die (religiöse) Entwicklung von Kindern, Jugendlichen und Erwachsenen könnte ein angemessenes pädagogisches Handeln nicht mehr gedacht werden. Natürlich steht damit auch die allgemeine *Pädagogik* in Dialog mit der Praktischen Theologie.

Die Praktische Theologie gehört, so zeigt sich, aufgrund ihrer vielfältigen Vernetzungen mitten hinein, in das, was gegenwärtig als *Kultur- bzw. Gesellschaftswissenschaft* bezeichnet werden kann.

Praktische Theologie in interreligiösem Horizont

Einen Kontext heben wir hervor, weil er uns für die gegenwärtige theologische Arbeit insgesamt besonders wichtig erscheint: der Kontext der Religionen. Praktische Theologie ist herausgefordert, den multi-religiösen Kontext wahrzunehmen. Vor allem Methoden der Vergleichenden Religionswissenschaft werden auch für das praktisch-theologische Arbeiten zunehmend relevant, d. h. Methoden, die es ermöglichen, Voraussetzungen, Möglichkeiten und Grenzen des Vergleichs zweier (oder mehrerer) Religionen und der Begegnungs-, Dialog- und Lernchancen zwischen ihnen auszuloten. In besonderer Weise hat sich dieser Dialog bisher mit jener Religion vollzogen, die zum Christentum in einem einzigartigen Verhältnis steht: mit dem Judentum. Selbstverständlich ist zudem der Dialog mit dem Islam – als der zweitgrößten Religionsgemeinschaft in Deutschland – von besonderem Interesse.

4.3 Der Ort der Praktischen Theologie im Hause der Theologischen Fakultät

Anfang der universitären Praktischen Theologie

Friedrich Daniel Ernst Schleiermacher gilt als der Vater der modernen Praktischen Theologie. Die Geschichte der Entstehung dieses Fachs gehört hinein in einen allgemeinen Umbruch der Universitätslandschaft im frühen 19. Jahrhundert, an dem Schleiermacher in Berlin federführend beteiligt war. Damals war die Chance gegeben, sich über die Struktur der einzelnen Fächer, ihre Bedeutung und ihr Selbstverständnis zu verständigen; das ist gegenwärtig in Zeiten des Bologna-Prozesses wieder so. In seiner Schrift „Kurze Darstellung des theologischen Studiums zum behuf einleitender Vorlesungen" aus dem Jahr 1811 nutzt Schleiermacher diese Chance. Er schlägt eine Dreiteilung des theologischen Studiums in *Philosophische, Historische* und *Praktische Theologie* vor, wobei alle drei Aspekte des theologischen Studiums in der einen Aufgabe der Erhaltung und Förderung des christlichen Glaubens in der Gemeinschaft verbunden sind. Die *Philosophische Theologie* solle mit den Disziplinen der Apologetik und Polemik den Wurzelgrund bilden, die *Historische Theologie* mit ihren Fächern Exegese, Kirchengeschichte, Dogmatik und kirchliche Statistik den eigentlichen Stamm und die *Praktische Theologie* die Krone des Baums des theologischen Studiums. Auch wenn die konkreten Reformvorschläge Schleiermachers nicht unmittelbar umgesetzt wurden und auch wenn die Praktische Theologie noch lange um ihr Selbstverständnis und ihre Geltung kämpfen musste, markiert das Jahr 1811 doch so etwas wie die Geburtsstunde der Praktischen Theologie als eigener theologischer Disziplin. Seither nämlich lässt sich die Praktische Theologie aus der Organisation der Theologischen Fakultät nicht mehr wegdenken.

Freilich: es gab auch vor Schleiermacher einen Zweig der „Praktischen Theologie", der meist „theologia applicata" („angewandte Theologie") genannt wurde. Hier ging es darum, die Ergebnisse der theologischen Wissenschaft zu bündeln und auf die konkreten gemeindlichen Handlungsfelder des Pfarrers zu übertragen. Daher auch die Bezeichnung „Pastoraltheologie" für diesen Zweig der Theologie, der allerdings kaum als Wissenschaft im strengen Sinn bezeichnet werden konnte. Vielmehr wurden Regeln für das pastorale Handeln im Einzelnen gesammelt und pastorale Fertigkeiten vermittelt und eingeübt.

Praktische Theologie vor Schleiermacher

Dies reichte nun – zu Beginn des 19. Jahrhunderts – nicht mehr aus. Denn diese Zeit wurde als Krisenzeit für Kirche und Theologie erlebt. Man nahm wahr, dass Christentum und Kirche auf eine Weise auseinander traten, wie dies in den Jahrhunderten vorher nicht der Fall war (siehe 3.2.2). Es gab christlichen Glauben und christliches Leben in vielfältiger, individueller Gestalt.

Veränderungen im frühen 19. Jahrhundert

Auch der Konnex von Religion und Theologie hatte sich verändert: Theologische Lehre und religiöse Erfahrung wurden – ähnlich wie heute – vielfach als einander widersprechend erlebt. Damit drohten in jenen Jahren Relevanzverluste für die Kirche einerseits und die Theologie andererseits. Die klassische Konstruktion einer dogmatisch orientierten Gotteslehre, die dann nur noch auf die gemeindliche Praxis „angewandt" werden musste, konnte nicht die Lösung sein. Die Theologie musste sich den neuzeitlichen Transformationen des christlichen Glaubens und religiösen Lebens stellen. Es ging zunächst darum, die neuartige christlich-kirchlich-religiöse Lebenswirklichkeit wahrzunehmen, um auf der Grundlage dieser Wahrnehmung und in Vermittlung mit der theologischen Tradition „Kunstregeln" (Schleiermacher) für das Handeln in der Kirche zu entwickeln.

Theorie und Praxis im Wechselspiel

Für Schleiermacher ist es überhaupt erst durch die Praktische Theologie möglich, dass die Theologie ihren Auftrag als „positive Wissenschaft" erfüllt, d. h. als eine Wissenschaft, die auf eine konkrete Aufgabenstellung und deren Lösung bezogen ist. Wie sich die Medizin um den Menschen und die Heilung seiner Krankheiten kümmert und die Jurisprudenz um die Hervorbringung einer Rechtsordnung, so die Theologie um die „Erhaltung des christlichen Glaubens in der Gemeinschaft" bzw. konkreter um die Kirche und ihre „Leitung" – d. h. um alles Reden und Handeln in ihr. Schleiermachers Bestimmung der Praktischen Theologie bleibt damit in einer gewissen Spannung: Einerseits grenzt sie sich gegen eine überkommene „theologia applicata" ab, andererseits aber geht es der Praktischen Theologie auch nach Schleiermacher um die pastorale Tätigkeit und die Kunstregeln, die für deren Ausübung notwendig sind. – Diese Spannung zwischen wissenschaftlicher Reflexion und auf sie bezogener konkreter Handlungsorientierung, zwischen Wahrnehmungs-/Erkenntnislehre und Technik/Kunst prägt die Praktische Theologie bis heute. Vielleicht ist es gerade dies, was seit rund 200 Jahren ihren besonderen Reiz ausmacht.

Die Praktische Theologie ist das jüngste Kind in der theologischen Familie und hat es sich und den anderen nicht immer leicht gemacht. Den Familienfrieden wirbelt sie manchmal gehörig durcheinander. Christian Albrecht beschreibt dies humorvoll und treffend: „Geschwisterzwist im Haus der Theologie: die jüngste Schwester, die Praktische Theologie, hat das klassische Problem des jüngsten Kindes. Sie findet ihre Rolle unter den Geschwistern nicht. Und dieses Problem will sie lösen wie so viele jüngste Kinder: indem sie ihre Beziehungsprobleme mit den älteren Geschwistern ausdiskutiert. Die beißen nicht recht an; sie ahnen schon, was kommt, denn es ist immer das gleiche: erst kokettiert die Jüngste etwas beleidigt mit ihrer Rolle als Aschenputtel unter den Geschwistern, und wenn keiner schnell genug widerspricht, dann wird sie aggressiv und zetert, dass der Vater ihr eigentlich die Krone versprochen habe. [...] Nur die Systematische Theologie, die älteste Schwester, hört dem Lamento ab und an zu, und in ihrer milden Zuwendung schwingt mit, was eigentlich alle denken: dass die jüngste Schwester natürlich zur Familie gehört, auch wenn sie schon immer ein wenig anders war als die anderen: ein wenig kapriziöser, ein wenig sprunghafter – und manchmal leider auch: ein wenig einfältiger" (8).

jüngstes Kind im theologischen Haus

Wo also gehört die Praktische Theologie hin? Wir haben versucht, ihren Ort im Haus der Theologischen Fakultät zu bestimmen und kamen dabei auf vier unterschiedliche Möglichkeiten.

Verortung im Haus der Theologischen Fakultät

1. *Keller und Fundament*: Praktische Theologie könnte als „Grundlagenforschung" bezeichnet werden. Fragen wie die nach dem Verhältnis von Kirche und Kunst, Kirche und Gesellschaft, Kirche und Religion werden hier verhandelt und haben Auswirkungen auf alle anderen Disziplinen der Theologie.

2. *Eigenes Stockwerk, ziemlich weit oben, mit Fahrstühlen in alle anderen Stockwerke*: Eine Praktische Theologie, die sich als „Handlungstheorie" versteht, hätte wohl hier ihren Ort. Sie nimmt Bezug auf die Ergebnisse der anderen Fächer der Theologie, bündelt diese und orientiert so das Handeln der Kirche.

3. *Kleiner Rückzugs- und Experimentierraum*: Martin Nicol nennt die Praktische Theologie eine „Hohe Schule der Gotteskunst", und Albrecht Grözinger versteht sie als „Schnitt-

stelle" von Kunst und Wissenschaft. Sieht man sie so, dann würde sie im Kontext der übrigen Fächer wohl eine sehr eigenständige und auch etwas eigentümliche Existenz führen, weil sie nicht nur *über* Phänomene reflektiert, sondern diese selbst in sprachlicher und ritueller Hinsicht erprobt.

4. *Der gute, aber manchmal etwas nervige Hausgeist*: Dieser ist auf den Gängen der Theologischen Fakultät unterwegs, begegnet immer mal wieder und erinnert an das, wozu Theologie eigentlich da ist. In dieser Hinsicht hat etwa Gert Otto (1927–2005) die Praktische Theologie als „Kritik der Theologie" verstanden.

Keine der vier Ortsbeschreibungen trägt allein das Fach der Praktischen Theologie. Und es könnte gut sein, dass das Besondere dieses Faches gerade darin besteht, Aspekte von allen vier genannten Aufgaben zu erfüllen. Das hat einen spielerischen Ernst, der, so meinen wir, auch der Rolle der jüngsten Schwester im Familienverbund ganz gut entspricht.

Fragen:

Fragen

1. Üben Sie sich in das vernetzende praktisch-theologische Denken ein, indem Sie die in diesem Buch genannten Handlungsfelder der Praktischen Theologie exemplarisch in kultureller und sprachlicher Dimension reflektieren.
2. Begründen Sie, inwiefern die Praktische Theologie als „Anwendungswissenschaft" bzw. als „Grundlagenforschung" bezeichnet werden könnte und beziehen Sie sich dazu auch auf die Geschichte der Praktischen Theologie.

5. Arbeits- und Hilfsmittel zur Praktischen Theologie

Allgemeine Lehr- und Arbeitsbücher

Gräb, Wilhelm/Birgit Weyel (Hgg.): Handbuch Praktische Theologie, Gütersloh 2007
Ein meist sehr gut lesbares und aktuelles Lexikon der Praktischen Theologie zu Grundbegriffen, Phänomenen, Praxisvollzügen und Diskursen – von Abendmahl und Ästhetik über Drogen, Esoterik, Kino, Liebe, Medien bis hin zu Predigt, Seelsorge und Unterricht

Grethlein, Christian/Helmut Schwier (Hgg.): Praktische Theologie. Eine Theorie- und Problemgeschichte, APrTh 33, Leipzig 2007
In 13 Einzelartikeln äußern sich jüngere Praktische Theologinnen und Theologen zu Themen, die drei Bereichen zugeordnet werden: (1) Die Stellung der Praktischen Theologie innerhalb der Theologie, (2) Zentrale Themen der Praktischen Theologie (Bibel, Empirie, Religion, Kirche, Mission), (3) Ausgewählte Bereiche der Praktischen Theologie (Pastoraltheologie, Poimenik, Kybernetik, Katechetik und Religionspädagogik, Diakonik). Das Buch ist für all diejenigen hervorragend geeignet, die die Geschichte der Praktischen Theologie intensiv kennenlernen wollen.

Meyer-Blanck, Michael/Birgit Weyel: Studien- und Arbeitsbuch Praktische Theologie, UTB 3149, Göttingen 2008
Dieses Arbeitsbuch ist so konzipiert, dass es nicht nur gelesen, sondern durchgearbeitet werden will. Anhand einzelner Problemstellungen werden elementare Grundkenntnisse, Orientierungen für das Studium der Praktischen Theologie und Einblicke in die Fachdiskussion erworben.

Möller, Christian: Einführung in die Praktische Theologie, UTB 2529, Tübingen u. a. 2004
Beeindruckende Verbindung von historischer Orientierung, (meist) solidem Überblick über einzelne Konzeptionen und anregenden Beiträgen zu einzelnen Fragestellungen der jeweiligen Disziplinen. Kritisiert werden kann die teilweise sehr unterschiedliche Gewichtung und Qualität der einzelnen Abschnitte sowie die knappe (und manchmal einseitige) Darstellung der gegenwärtigen praktisch-theologischen Landschaft.

Nicol, Martin: Grundwissen Praktische Theologie. Ein Arbeitsbuch, Stuttgart/Berlin/Köln 2000
Der Vor- oder Nachteil dieses Buches über die einzelnen Disziplinen der Praktischen Theorie: Es handelt sich um ein Arbeitsbuch, dessen Lektüre nur funktioniert, wenn Sie bereit sind, die zahlreichen Texte, die im Buch angegeben werden, zu lesen und die entsprechenden Fragestellungen dazu zu beantworten. Gerade deshalb lässt sich Nicols Grundwissen aber auch als Literaturschlüssel zur Praktischen Theologie und als Begleiter während des theologischen Studiums verwenden.

Rössler, Dietrich: Grundriß der Praktischen Theologie, Berlin/New York ²1994
Wer nicht nach aktuellen Entwicklungen der vergangenen 20 Jahre sucht, sondern stattdessen eine historisch fundierte und systematisch-reflektierte Darstellung der Praktischen Theologie lesen will, ist mit Rösslers Buch hervorragend bedient, in dem die konkreten Handlungs- und Reflexionsfelder der Praktischen Theologie zum Einzelnen, zur Kirche und zur Gesellschaft in Bezug gesetzt werden.

Winkler, Eberhard: Praktische Theologie elementar. Ein Lehr- und Arbeitsbuch, Neukirchen-Vluyn 1997
Dieses sehr knappe Lehrbuch bietet gut lesbare, klar und einfach formulierte Überlegungen zu den einzelnen Handlungsfeldern der Praktischen Theologie. Wer einen schnellen Überblick über wichtige Fragestellungen sucht, ist bei Winkler nach wie vor gut aufgehoben. Wer sich mit praktisch-theologischen Konzeptionen oder historischen Entwicklungen eingehender beschäftigen will, darf bei Winkler auf keinen Fall stehen bleiben.

Zeitschriften für das ganze Gebiet der Praktischen Theologie

Pastoraltheologie (PTh)
Die älteste der noch immer erscheinenden praktisch-theologischen Zeitschriften. Sie wurde 1878 gegründet und spiegelt in ihrer Geschichte die Entwicklung der Praktischen Theologie im 20. Jahrhundert. Bis vor einigen Jahren konnte die PTh als das konservativere Pendant zur Zeitschrift „Praktische Theologie" gelten – eine Kategorisierung, die den neueren Jahrgängen allerdings nicht mehr gerecht wird.

Praktische Theologie (PrTh)
Häufiger als in der PTh werden Themenhefte (etwa zu „Familie", „Bildung" etc.) und mit ihnen Querschnitte zum gegenwärtigen kirchlichen Handeln im gesellschaftlichen Kontext geboten.

International Journal of Practical Theology (IJPT)
Die IJPT erscheint seit 1997 und stellt – wie der Name schon sagt – die Praktische Theologie bewusst in internationalen Kontext. Beiträge wer-

den in Englisch und Deutsch abgedruckt. *Besonders beachtlich ist die „Book Review", die aktuelle Rezensionen von Titeln aus dem englisch- und deutschsprachigen Kontext bietet.*

zu 2. Kirchliche Handlungsfelder in der Reflexion der Praktischen Theologie

Grethlein, Christian/Helmut Schwier (Hgg.): Praktische Theologie. Eine Theorie- und Problemgeschichte, APrTh 33, Leipzig 2007
Das umfangreiche Buch zeigt die Entwicklung der Praktischen Theologie bis zur Gegenwart.

Josuttis, Manfred: Die Einführung in das Leben. Pastoraltheologie zwischen Phänomenologie und Spiritualität, Gütersloh 1996
Eine eminent herausfordernde Grundlegung der Praktischen Theologie und Ausführung einzelner Handlungsfelder

2.2 Liturgik

Bieritz, Karl-Heinrich: Liturgik, Berlin/New York 2004
Ein umfangreiches Nachschlagewerk und Studienbuch für alle liturgisch Interessierten

Grethlein, Christian/Günter Ruddat (Hgg.): Liturgisches Kompendium, Göttingen 2003.
Der kleine und günstigere Bruder des „Handbuchs der Liturgik" (s. unten)

Schmidt-Lauber, Hans-Christoph/Michael Meyer-Blanck/Karl-Heinrich Bieritz (Hgg.): Handbuch der Liturgik. Liturgiewissenschaft in Theologie und Praxis der Kirche, Göttingen ³2003
Ein Lesebuch und Nachschlagewerk zu allen Fragen (evangelischer) Liturgik

2.3 Homiletik

Engemann, Wilfried: Einführung in die Homiletik, UTB 2128, Tübingen/Basel 2002
Das UTB-Lehrbuch besticht dadurch, dass es Predigtpraxis und homiletische Theorie zugleich im Blick behält.

Engemann, Wilfried/Frank Michael Lütze, Frank Michael (Hgg.): Grundfragen der Predigt. Ein Studienbuch, Leipzig 2006
Die Herausgeber versammeln grundlegende Texte zur Homiletik, wobei jeweils „theoretische Grundlegungen" und „Überlegungen zur Praxis" zusammengestellt werden.

Grözinger, Albrecht: Homiletik, Lehrbuch Praktische Theologie 2, Gütersloh 2008
Eine hervorragende Einführung in Grundfragen und Konzeptionen der Homiletik und ein eindrucksvolles Plädoyer für die „Predigtkunst" (ars praedicandi)

2.4 Poimenik

Engemann, Wilfried (Hg.): Handbuch der Seelsorge. Grundlagen und Profile, Leipzig 2007
In 28 Einzelartikeln werden grundlegende Fragen der Seelsorge kompetent und aktuell diskutiert.

Morgenthaler, Christoph: Seelsorge, Lehrbuch Praktische Theologie 3, Gütersloh 2009
Ein gut lesbares, umfassendes und aktuelles Lehrbuch zur Seelsorge mit ausführlichen Literaturhinweisen

Pohl-Patalong, Uta/Frank Muchlinsky (Hgg.): Seelsorge im Plural. Perspektiven für ein neues Jahrhundert, Lernort Gemeinde 1, Hamburg 1999
Ein Sammelband, der einen guten Überblick über neuere Entwicklungen und Konzeptionen gibt

Ziemer, Jürgen: Seelsorgelehre. Eine Einführung für Studium und Praxis, UTB 2147, Göttingen ²2004
Ein empfehlenswertes Standardwerk, das dem Leser ein vertieftes Studium der Seelsorge ermöglicht und sehr gut begleitend zur eigenen Praxis gelesen werden kann

2.5 Religionspädagogik

Grethlein, Christian: Gemeindepädagogik, Berlin/New York 1994; ders., Religionspädagogik, Berlin/New York 1998
Anspruchsvolle und umfassende Lehrbücher der Gemeinde- und Religionspädagogik zur Vertiefung eigenen Wissens

Lämmermann, Godwin/Elisabeth Naurath/Uta Pohl-Patalong: Arbeitsbuch Religionspädagogik. Ein Begleitbuch für Studium und Praxis, Gütersloh 2005
Übersichtliches, gut zu lesendes Arbeitsbuch zum ersten Überblick und Einstieg in das Studium der Religionspädagogik

Lachmann, Rainer/Reinhold Mokrosch/Erdmann Sturm: Religionsunterricht – Orientierung für das Lehramt, Göttingen 2006
Sehr gute Einführung in Studium und Praxis des Lehramtes im Fach Evangelische Religion

Schweitzer, Friedrich: Religionspädagogik, Lehrbuch Praktische Theologie 1, Gütersloh 2006
Umfangreiches Lehrbuch, das den neuesten Stand der Forschung im Bereich der evangelischen Religionspädagogik wiedergibt

2.6 Kybernetik

Breitenbach, Günter: Gemeinde leiten. Eine praktisch-theologische Kybernetik, Stuttgart 1994

Lindner, Herbert: Kirche am Ort. Ein Entwicklungsprogramm für Ortsgemeinden, Stuttgart 2000
Breitenbach und Lindner entfalten in ihren Büchern grundlegende Gedanken zur praktisch-theologischen Kybernetik, in die sie organisations- und systemtheoretische Ansätze integrieren.

Michael N. Ebertz/Hans-Georg Hunstig (Hgg.): Hinaus ins Weite. Gehversuche einer milieusensiblen Kirche, Würzburg 2008

Hauschildt, Eberhard/Eike Kohler/Claudia Schulz: Milieus praktisch. Analyse- und Planungshilfen für Kirche und Gemeinde, Göttingen 2008
Die beiden Bücher bieten einen gut lesbaren und praxisbezogenen Einstieg in neueste Ergebnisse kirchensoziologischer Untersuchungen, die wertvolle Hinweise für eine Theorie kirchenleitenden Handelns bereithalten.

2.7 Diakonik

Ruddat, Günter/Gerhard K. Schäfer (Hgg.), Diakonisches Kompendium, Göttingen 2005
Umfassendes und trotzdem übersichtliches Buch, das Grundlagen, Konzepte und Handlungsfelder in einer Sammlung von Aufsätzen reflektiert

Schibilsky, Michael/Renate Zitt (Hgg.): Theologie und Diakonie, Gütersloh 2004
Gute Sammlung von Aufsätzen zur Verortung der Diakonie im weiteren Kontext der Theologie

2.8 Publizistik

Haberer, Johanna/Friedrich Kraft (Hgg.): Lesebuch Christliche Publizistik, Erlangen 2004
Mit gut lesbaren Beiträgen zu den einzelnen Bereichen innerhalb des Handlungsfeldes Christliche Publizistik, auch in historischer Perspektive, von Praktikern verfasst

Kirchenamt der Evangelischen Kirche in Deutschland (Hg.): Mandat und Markt, Perspektiven evangelischer Publizistik, Publizistisches Gesamtkonzept 1997, Frankfurt am Main 1997
Knapper Text, der die Suche nach der eigenen Identität christlicher Publizistik verdeutlicht und dabei die zentralen Positionen nennt

Thomé, Hans Erich: Gottesdienst frei Haus? Fernsehübertragungen von Gottesdiensten, Göttingen 1991
Übersichtliche und kritische Darstellung der evangelischen und katholischen Konzeption im Spannungsfeld von Gottesdienst und Fernsehen als Medium

zu 3. Zentrale Themen in praktisch-theologischer Reflexion

3.2 Religion

Bertelsmann-Stiftung (Hg.): Religionsmonitor 2008, Gütersloh 2007
Eine lesenswerte, gut aufbereitete aktuelle Studie zur Religiosität in 21 verschiedenen Ländern

Gräb, Wilhelm: Art. Religion und Religionen, in: ders./Birgit Weyel (Hgg.), Handbuch Praktische Theologie, Gütersloh 2007, 188–199
Eine knappe Wahrnehmung des gegenwärtigen Redens von Religion in kulturhermeneutischer Perspektive

Grethlein, Christian: Grundinformation Kasualien. Kommunikation des Evangeliums an Übergängen des Lebens, Göttingen 2007
Ein hervorragend strukturiertes und didaktisch aufgebautes Buch zu den Kasualien im gegenwärtig praktisch-theologischen Diskurs

Luther, Henning: Die Lügen der Tröster. Das Beunruhigende des Glaubens als Herausforderung für die Seelsorge, in: PrTh 33 (1998), 163–176
Dieser posthum veröffentlichte Vortrag des Marburger Praktischen Theologen gehört vielleicht zum Herausforderndsten, was in den vergangenen Jahren zur Wahrnehmung von gegenwärtiger Religion und zur seelsorgerlichen Aufgabe in diesem Kontext geschrieben wurde.

3.3 Kirche

Preul, Reiner: Kirchentheorie. Wesen, Gestalt und Funktionen der Evangelischen Kirche, Berlin/New York 1997
Auch wenn sich der Autor zu wenig sozialwissenschaftlicher, empirischer Methoden bedient, um die kirchliche Wirklichkeit zu erfassen, und die dogmatische, vor allem lutherische Ekklesiologie ein sehr starkes Gewicht erhält, ist das Buch eine gute, materialreiche Einführung.

Hermelink, Jan/Thorsten Latzel: Kirche empirisch. Ein Werkbuch, Gütersloh 2008
Eine notwendige Ergänzung zu Preuls Kirchentheorie. Das Buch fasst die wesentlichen Untersuchungen und Daten zur sozialen Wirklichkeit der evangelischen Kirchen in Deutschland zusammen. Die Ergebnisse werden aufbereitet, reflektiert und in die praktisch-theologische Diskussion eingeordnet.

Grethlein, Christian: Pfarrersein heute. Zwischen „Führer" ins Heilige und „intellektuellem Amt", DtPfrBl 109 (1999), 10–13, und ders., Pfarrer(in)sein als christlicher Beruf. Hinweis zu den veränderten Rahmenbedingungen einer traditionellen Tätigkeit, ZThK 98 (2001), 372–398
Hilfreiche Zusammenfassung der gegenwärtigen Debatte um das pastorale Berufsverständnis

3.4 Kultur

Gräb, Wilhelm/Birgit Weyel (Hgg.): Praktische Theologie und protestantische Kultur, Gütersloh 2002
In einer Vielzahl von Beiträgen reflektieren Praktische Theologen die Wechselwirkungen von Protestantismus und Kultur. Neben grundsätzlichen Überlegungen geht es um einzelne kulturelle Bereiche wie Kunst, Musik, Bildung etc.

Kirchenamt der EKD (Hg.): Räume der Begegnung. Religion und Kultur in evangelischer Perspektive. Eine Denkschrift der Evangelischen Kirche in Deutschland und der Vereinigung Evangelischer Freikirchen, Gütersloh 2002
Knapper, verständlicher Zugang zur Debatte um das Verhältnis von Religion und Kultur, wie sie derzeit in der evangelischen Kirche geführt wird. In produktiver Weise wird die Rolle der unterschiedlichen Künste gestärkt und auch die Trivialkultur ernst genommen.

3.5 Massenmedien

Hermann, Jörg: Sinnmaschine Kino. Sinndeutung und Religion im populären Film, Praktische Theologie und Kultur 4, Gütersloh 2002
Ertragreiche Analyse populärer Filme wie „Titanic", „Forrest Gump" oder „Independence Day" aus praktisch-theologischer Perspektive, verknüpft mit grundsätzlichen Reflexionen zum Verhältnis der Sinnstrukturen im Film und im Christentum

Schibilsky, Michael: Kirche in der Mediengesellschaft, in: Reiner Preul/ Reinhard Schmidt-Rost (Hg.), Kirche und Medien, Gütersloh 2000, 51–70
Der Autor benennt theologische Vorbehalte, setzt diese zur Wirklichkeit der Medien in Beziehung und gibt Handlungsempfehlungen für die Christliche Publizistik.

Themenheft „Zwischen Medium und Medien. Religion und Öffentlichkeit", in: Pastoraltheologische Information 2007/1 (Jg. 27)
Sammelband einer ökumenischen Tagung mit knappen, pointierten Aufsätzen jener Praktischer Theologen, die sich schwerpunktmäßig mit den Massenmedien beschäftigen

3.6 Sprache

Grözinger, Albrecht: Die Sprache des Menschen. Grundwissen für Theologinnen und Theologen, München 1991
Übersichtliche und anregende Darstellung der bis zum Erscheinen des Buches relevanten Forschungen zur „Sprache des Menschen"

Nicol, Martin/Alexander Deeg: Im Wechselschritt zur Kanzel. Praxisbuch Dramaturgische Homiletik, Göttingen 2005
Eine Predigtlehre mit zahlreichen kommentierten Predigtausschnitten

Otto, Gert: Rhetorische Predigtlehre. Ein Grundriss, Mainz 1999
Lust an der Sprache für die Rede im kirchlichen Raum wecken – das ist das Programm von Gert Otto, das er in dieser Predigtlehre zusammenfassend durchführt.

Weitere empfehlenswerte und zitierte Literatur

Albrecht, Christian: Zur Stellung der Praktischen Theologie innerhalb der Theologie – aus praktisch-theologischer Sicht, in: Grethlein, Christian/Helmut Schwier (Hgg.), Praktische Theologie. Eine Theorie- und Problemgeschichte, APrTh 33, Leipzig 2007, 8–60

Barth, Karl: Homiletik. Wesen und Vorbereitung der Predigt, Zürich ³1986

Barth, Ulrich: Religion und ästhetische Erfahrung. Interdependenzen symbolischer Erlebniskultur, in: ders., Religion in der Moderne, Tübingen 2003, 235–262

Belting, Hans: Bild und Kunst. Eine Geschichte des Bildes vor dem Zeitalter der Kunst, München 1990

Blanke, Eberhard: Christliche Kommunikationskampagnen. Ansätze zu einer praktisch-theologischen Public Relations-Theorie, in: DtPfrBl 108 (2008), 355–358

Bohren, Rudolf: Unsere Kasualpraxis – eine missionarische Gelegenheit?, München 1960

Cornehl, Peter: Der Evangelische Gottesdienst. Biblische Kontur und neuzeitliche Wirklichkeit, Bd. 1: Theologischer Rahmen und biblische Grundlagen, Stuttgart 2006

Dahm, Karl-Wilhelm: Beruf: Pfarrer. Empirische Aspekte, München 1971

Deeg, Alexander: Predigt und Derascha. Homiletische Textlektüre im Dialog mit dem Judentum, APTLH 48, Göttingen 2006

Gräb, Wilhelm: Art. Ästhetik, in: ders./Weyel, Birgit, Handbuch Praktische Theologie, Gütersloh 2007, 737–747

Grözinger, Albrecht: Predigt als Unterhaltung. Bemerkungen zu einer verachteten homiletischen Kategorie, in: PTh 76 (1987), 425–440

Grözinger, Albrecht: Rhetorik, in: Wilhelm Gräb/Birgit Weyel (Hg.), Handbuch Praktische Theologie, Gütersloh 2007, 821–832

Habermas, Jürgen: Glauben und Wissen. Friedenspreis des Deutschen Buchhandels 2001, Frankfurt/Main 2001

Härle, Winfried: Dogmatik, Berlin/New York 1995

Hall, Stuart: Cultural Studies. Zwei Paradigmen, in: Bromley, Roger u. a. (Hg.), Cultural Studies. Grundlagentexte zur Einführung. Aus dem Englischen von Gabriele Kreuzner u. a., Lüneburg 1999, 113–138

Hauschildt, Eberhard: Alltagsseelsorge. Eine sozio-linguistische Analyse des pastoralen Geburtstagsbesuchs, APT 29, Göttingen 1995

Herbst, Michael: Missionarischer Gemeindeaufbau in der Volkskirche, Stuttgart 1987

Jens, Walter: Von deutscher Rede, München 1969

Jetter, Werner: Symbol und Ritual. Anthropologische Elemente im Gottesdienst, Göttingen ²1986

Josuttis, Manfred: Der Pfarrer ist anders. Aspekte einer zeitgenössischen Pastoraltheologie, München 1982

Josuttis, Manfred: Segenskräfte. Potentiale einer energetischen Seelsorge, Gütersloh 2000

Jüngel, Eberhard: Paulus und Jesus. Eine Untersuchung zur Präzisierung der Frage nach dem Ursprung der Christologie, HUT 2, Tübingen ⁷2004

Karle, Isolde: Pastorale Kompetenz, in: PTh 89 (2000), 508–523

Keppler, Angela: „Medienreligion" ist keine Religion. Fünf Thesen zu den Grenzen einer erhellenden Analogie, in: Günter Thomas (Hg.): Religiöse Funktionen des Fernsehens?, Medien-, kultur- und religionswissenschaftliche Perspektiven, Wiesbaden 200, 223–230

Kuschel, Karl-Josef: Im Spiegel der Dichter. Mensch, Gott und Jesus in der Literatur des 20. Jahrhunderts, Düsseldorf 1997

Lindner, Herbert: Spiritualität und Modernität. Das evangelische München-Programm, in: PTh 86 (1997), 244–264

Mädler, Inken: Transfigurationen. Materielle Kultur in praktisch-theologischer Perspektive, Stuttgart ²2008

Martin, Gerhard Marcel: Predigt als „offenes Kunstwerk"? Zum Dialog zwischen Homiletik und Rezeptionsästhetik, in: EvTh 44 (1984), 46–58

Meier, Daniel: Kirche in der Tagespresse. Empirische Analyse der journalistischen Wahrnehmung von Kirche anhand ausgewählter Zeitungen, Studien zur Christlichen Publizistik 12, Erlangen 2006

Möller, Christian: Lehre vom Gemeindeaufbau, Bd. 1: Konzepte – Programme – Wege, Göttingen ³1991

Morgenroth, Matthias: Heiligabend-Religion. Von unserer Sehnsucht nach Weihnachten, München 2003

Moser, Tilman: Von der Gottesvergiftung zu einem erträglichen Gott. Psychoanalytische Überlegungen zur Religion, Stuttgart 2003

Nipkow, Karl Ernst: Bildung als Lebensbegleitung und Erneuerung. Kirchliche Bildungsverantwortung in Gemeinde, Schule und Gesellschaft, Gütersloh ²1992

Nürnberger, Christian: Kirche, wo bist Du?, München 2000

Otto, Gert: Predigt als Rede. Über Wechselwirkungen von Homiletik und Rhetorik, Stuttgart 1976

Pirner, Manfred L.: Werbung in theologischer Perspektive, in: Gerd Buschmann/ders., Werbung, Religion, Bildung, Frankfurt am Main 2003, 11–38, und ders.: Heilige Höschen. Religion und Erotik in der Populärkultur, a. a. O., 132–137

Pohl-Patalong, Uta: Von der Ortskirche zu kirchlichen Orten. Ein Zukunftsmodell, Göttingen 2004

Schleiermacher, Friedrich: Die praktische Theologie nach den Grundsätzen der evangelischen Kirche im Zusammenhang dargestellt (1850), hg. von Jacob Frerichs, Berlin/New York 1983

Schleiermacher, Friedrich: Kurze Darstellung des theologischen Studiums zum Behuf einleitender Vorlesungen (1811/1830), hg. v. Dirk Schmid, Berlin 2002

Schmidbauer, Wolfgang: Die hilflosen Helfer. Über die seelische Problematik der helfenden Berufe, überarb. Neuaufl., Reinbek bei Hamburg 1992

Schulz von Thun, Friedemann: Miteinander reden, Bd. 1: Störungen und Klärungen. Allgemeine Psychologie der Kommunikation, Hamburg 1981

Schulze, Gerhard: Die Erlebnisgesellschaft. Kultursoziologie der Gegenwart, Frankfurt am Main 1992

Schweitzer, Friedrich: Lebensgeschichte und Religion. Religiöse Entwicklung und Erziehung im Kindes- und Jugendalter, München 1987

Seitz, Manfred: Unsere Kasualpraxis – eine gottesdienstliche Gelegenheit?, in: ders., Praxis des Glaubens. Gottesdienst, Seelsorge und Spiritualität, Göttingen ³1985, 42–50

Thomas, Günter: Medien – Ritual – Religion. Zur religiösen Funktion des Fernsehens, Frankfurt am Main 1998

Thurneysen, Eduard: Die Lehre von der Seelsorge, Zürich ²1957

Volp, Rainer: Gastfreie Orte. Über die stille Botschaft von Kirchenräumen, in: Degen, Roland/Hansen, Inge (Hg.), Lernort Kirchenraum. Erfahrungen – Einsichten – Anregungen, Münster u. a. 1998, 257–262